0・1・2 保育のあそび

JN038440

まるごと BOOK

監修
千葉経済大学短期大学部
こども学科教授
横山洋子

KADOKAWA

もくじ

子どもの月齢・年齢別
発達の見通しとあそびのポイント …… 8

本書の使い方 …… 20

はじめに …… 22

1章 一年中楽しめる！ 製作あそび

製作あそびを始める前に …… 24

手作りおもちゃ

0歳　音の鳴る花畑 …… 25

　　　くしゃくしゃハンカチ …… 26

　　　動物つなひき …… 27

1歳　パタパタ窓の動物探し …… 28

　　　シールごちそうボード／フルーツぐらぐらタワー …… 29

2歳　ドーナツひも通し …… 30

　　　クッキーはめ絵パズル …… 31

　　　電車の連結あそび …… 32

コラム　片付けは、あそび感覚で楽しく習慣に …… 33

季節の製作あそびカレンダー …… 34

0歳の製作あそび

プチプチ桜スタンプ …… 36

お花紙のチョウチョ …… 37

手形のミツバチ …… 38

お花紙のタンポポ …… 39

スイカもぐもぐ …… 40

おさんぽカメさん …… 41

ヒマワリ、はいどうぞ …… 42

ゆびスタンプの傘 …… 43

リンゴがみのった！ …… 44

ゆび絵の具カボチャ …… 45

ふわふわオニギリ …… 46

スタンプ落ち葉 …… 47

手形のクリスマスツリー …… 48

サンタのマラカス …… 49

くしゃくしゃ雪だるま …… 50

手形オーナメント …… 51

1歳の製作あそび

だるまボール …… 52

節分コロコロおに …… 53

紙皿ひな祭りリース …… 54

紙皿タケノコ …… 55

ゆらゆらこいのぼり …… 56

七夕吹き流し …… 57

手形カニとスタンプ …… 58

ビー玉コロコロペイント …… 59

にじみ絵かき氷 …… 60

やさいフラッグ …… 61

サンドイッチづくり …… 62

いもほりごっこ …… 63

ペタペタ立体キノコ …… 64

毛糸のミノムシ …… 65

ハロウィンバッグ …… 66

ペタペタ紅葉狩り …… 67

2歳の製作あそび

手作りブレスレット …… 68

チョウの影あそび …… 69

カラフルテントウムシ …… 70

桜と花畑 …… 71

スタンプ花火 …… 72

海の生き物のれん …… 73

アイスクリームづくり …… 74

プールで魚すくい …… 75

光る！ ソルトペイント …… 76

落ち葉のドレス …… 77

まごの手 …… 78

ハロウィンマスク …… 79

キラキラドングリ …… 80

毛糸まきまき …… 81

お絵描きツリー …… 82

ペタペタ紙皿リース …… 83

コラム 好奇心と感性を育む
科学あそび …… 84

運動あそびを始める前に …… 86

0歳前半の運動あそび

粗大運動あそび

鏡でこんにちは！ …… 88

リンリン腕振り/布でかくれんぼ …… 89

おなかピッタンコ …… 90

寝返りチャレンジ/キックで鳴らそう …… 91

ぷにぷに立っち …… 92

ボードにキック …… 93

微細運動あそび

布をぎゅっ！ …… 94

さわる めくる たてる/
ハンカチスティック …… 95

ゆらキラ輪っか …… 96

お手てつんつん/ぷにぷにタッチ …… 97

大きいそろばん …… 98

ポリ袋deマラカス …… 99

0歳後半の運動あそび

粗大運動あそび

ボールにぎにぎポーン …… 100

郵便屋さんごっこ/はいはいトンネル …… 101

ころころボール …… 102

バスタオルでバスごっこ/
クモの巣くぐり …… 103

ペタペタボール …… 104

マットの山登り …… 105

微細運動あそび

ジャラジャラ …… 106

ジッパーでこんにちは/
紙コップトイ …… 107

いたずらティッシュ …… 108

ぽっとんホース/
のびのびイモムシ …… 109

ふわふわざらざら …… 110

汚れないスライム/
おもちゃを助け出せ！ …… 111

1歳前半の運動あそび

粗大運動あそび

2人でおしり歩き …… 112

抱っこde逆さま/
せーの！ ジャ～ンプ …… 113

おきあがりこぼし …… 114

肩車バランス …… 115

おしり歩きGO-STOP …… 116

鉄棒で輪くぐり …… 117

ゆらゆらマット …… 118

はいはい登り …… 119

ボールころころ …… 120

微細運動あそび

コロコロ棒キャッチ …… 121

ボール転がしキャッチ …… 122

ブランコボールキック …… 123
前進ボールキック …… 124
グー・パー指あそび/お手玉持ち替え …… 125

1歳後半の運動あそび

粗大運動あそび
グー・パー降り …… 126
手押し車前転/カエルスクワット …… 127
両手つなぎで後ろ歩き …… 128
ロープ・1本橋渡り …… 129
鉄棒ブランコ …… 130
バスバスGO …… 131
またぎ歩き …… 132
マットスライダー …… 133
凸凹道ではいはい …… 134

微細運動あそび
クレーンゲーム …… 135
こんにちはキャッチ …… 136
おかたづけ玉入れ/
スカーフキャッチ …… 137
ヘビロープをまたごう！ …… 138
振り子ボールキャッチ …… 139

2歳前半の運動あそび

粗大運動あそび
抱っこdeバク転 …… 140
カニ歩きグー・パー/
片足エレベーター …… 141
2本橋クマ歩き …… 142
手拍子でリズムジャンプ …… 143
立ちブランコ …… 144
ゆっくり平均台歩き …… 145

マットにタックル！ …… 146
とび箱ジャンプ …… 147
おいもコロコロ …… 148

微細運動あそび
風船キック/
手のひらでキャッチ …… 149
お手玉つまんでポトン …… 150
風船パンチ …… 151
ボール投げフープ通し …… 152
走り込んでボールキック …… 153

2歳後半の運動あそび

粗大運動あそび
棒転がしジャンプ …… 154
手のひらツバメ/
手つなぎケンケン …… 155
クマさんトンネル …… 156
Boxジャンプ乗り …… 157
のそのそモノレール …… 158
えんとつのぼり …… 159
越えてまわってワニ散歩 …… 160
鉄棒すべり台 …… 161
とびら押し …… 162

微細運動あそび
お手玉片手キャッチ/
足指グー・チョキ・パー …… 163
ふんわりボールキック …… 164
ボールおしりキャッチ …… 165
ダブルハンドスロー …… 166
ボールキックゴルフ …… 167

コラム すきまあそびで
ふだんの生活を豊かに …… 168

3章 季節を感じる

自然あそび

自然あそびを始める前に …… 170

0歳の自然あそび

春　タンポポ ポポポ …… 172

春・夏　花びら ひらひら／雨ポッツン …… 173

夏　水とあそぼう！ …… 174

秋　落ち葉で「はっぱっぱ」／ドングリすべり台 …… 175

冬　ここまでおいで！ …… 176

冬　ブーラン マツボックリ …… 177

1歳の自然あそび

春　春の花みち …… 178

春・夏　ダンゴムシこんにちは／野原でボール宝探し …… 179

夏　水に浮く積み木 …… 180

秋　ドングリポットン／もみじシャワー …… 181

冬　落ち葉ボール …… 182

冬　マツボックリとあそぼう …… 183

2歳の自然あそび

春　春色のジュース …… 184

春・夏　アリさん どこだ？／キラキラ水すくい …… 185

夏　セミさん どこだ？ …… 186

秋　ドングリ どっちの手／砂場のジャンボケーキ …… 187

冬　落ち葉カソコソ隊 …… 188

冬　ゆらゆらマツボックリ …… 189

コラム　清潔な環境と
　　　キレイ習慣で感染症を予防！ …… 190

4章 表現を楽しむ 音楽&シアターあそび

音楽&シアターあそびを始める前に …… 192

歌あそび

0歳 だいすき たまごちゃん …… 194

0歳 うえからしたから …… 195

1歳 ブランコゆらり …… 196

2歳 わになりランラン …… 197

手あそび

0歳 いないいないばあ …… 198

1歳 いろんな おかお …… 199

1歳 とんかち指さん …… 200

2歳 みんなのクレープ …… 201

楽器

0歳 おもちゃのマーチ …… 202

0歳 いちばんぼしリンリン …… 203

1歳 こいぬと踊ろう …… 204

2歳 とけいのマーチ …… 205

ダンス

0歳 おもちびよーん …… 206

1歳 ウサギ ゾウ リス …… 207

1歳 まねっこまねっこ …… 208

2歳 おばけのパーティー …… 209

パネルシアター

0歳 かくれんぼ！ だーれだ？ …… 210

1歳 迷子のおばけちゃん …… 212

2歳 だれのおしり …… 214

ペープサート

0歳 どこどこカエルさん …… 216

0歳 いないいないばあ …… 218

カードシアター

1歳 いろいろだあれ？ …… 219

1歳 おはなをさかせよう …… 220

2歳 でんしゃでしゅっぱつだ …… 222

2歳 せんせいがへんしーん！ …… 224

巻末資料

非認知能力とは …… 226

保育現場で使われる用語集 …… 234

コピー用型紙 …… 236

子どもの月齢・年齢別 発達の見通しとあそびのポイント

この本では0歳から2歳までの子どもに適した様々なあそびを紹介しています。
まずは日々成長が目まぐるしいこの時期の子どもの体と心の発達について確かめましょう。
0歳児は保育者の援助が特に必要な時期。援助のポイントも知っておきましょう。

誕生（0か月）

援助のPoint!
- まだ自分からはあそびません。愛情と心地よさを感じられる関わり方をしましょう。
- 触覚を中心に刺激することがその後の感覚発達につながります。

1か月ごろ

援助のPoint!
- 視覚がだんだん発達してきます。何かを目で追って楽しめるあそびを用意しましょう。

体の発達

体の発達にともない、できることが増えます

手足などを動かす
腕を上げる、足を動かすなどの大きな動きができる

首の筋肉がつきはじめる
首を動かせるようになり、短時間なら頭を支えられる

ものをつかむ
手に触れたやわらかいぬいぐるみやガラガラなどをつかむ

嗅覚や聴覚、触覚は誕生時からある程度発達していますが、視覚は出生時には未成熟。母親の目など、黒くて丸いものは見やすいようです

おすすめのあそび

> **感覚あそび**

P.25 音の鳴る花畑
P.26 くしゃくしゃハンカチ

心の発達

快・不快という単純なものから、次第に複雑な感情へ、心もどんどん発達します

快・不快
空腹やオムツが濡れたなど、不快な状況を泣いて周囲に伝える

快・不快刺激に反応する
音がする方を見たり、動くものを目で追ったりする

自発的微笑
眠っている際、微笑むような表情を見せる

人の識別と社会的微笑
母親など、特定の人を識別できるようになり、あやされると反応して笑う

※子どもの発達には個人差があります。また、発達の順序も１人ひとり異なります。
　あくまでも１つの目安として参考にしてください。

3か月
ごろ

援助の Point!

● 子どもの反応が豊かになり、あそぶ側も楽しくなってきます。
● 「たかいたかい」などのあそびでは、子どもの反応を見て加減しましょう。

6か月
ごろ

首がすわる	睡眠リズムが定まる	寝返りができる
頭をたてにして抱っこができる	少しずつ、日中に起きて夜間は眠るという睡眠のパターンができる	あおむけの姿勢からうつ伏せになるなど、自分でからだの向きを変えられるようになる

ものを持つ、なめる	よだれが増える	下の歯が生える	支えながら座る
手に触れたものを短時間持てるようになり、口元に運んでなめる	唾液腺が発達し、よだれの量が増える	下の前歯が生えはじめる。離乳食スタート	自分の両手で体を支えながらお座りができるようになる

いないいないばあなど

ものをつかむあそび

模倣あそび

高いたかいなど

P.27　動物つなひき

周囲に向け声を出す	人見知り
家族や親しい人を呼ぶような声を上げる	知っている人と知らない人との区別がつくようになり、知らない人が近づいたり抱っこしようとしたりすると泣いて嫌がる

子どもの月齢・年齢別 発達の見通しとあそびのポイント

7か月ごろ

援助のPoint!

●自分の力で移動し、意思疎通もできてくる。周囲の環境の安全に気を配りましょう。

9か月ごろ

援助のPoint!

●動き回り、様々なものに興味をもつため、もっとも目が離せない時期。目を離した一瞬がけがにつながることも。好奇心は満たしつつ、安全にも留意して見守りましょう。

体の発達

ずりばい

おなかは床についた状態で、腕の力で進む「ずりばい」ができるようになる

お座りが安定する

支えなしに座れるようになり、座りながらものをつかむこともできる

はいはい

両手と膝を床につけた四つんばいの姿勢になって、はいはいで自由に移動できるようになる

上の歯も生えはじめる

上の前歯も生え、口を上下に動かしてものを食べられる

おすすめのあそび

| 読み聞かせあそび | ひとりあそび |

| ものを使うあそび |

心の発達

喃語

大人と喃語でのやりとりができる

感情が分化

「不快」の感情が、「恐怖」や「怒り」、「嫌い」などに分かれる

人見知りが激しい

子どもによっては人見知りが激しくなり、後追いをすることもある

言葉を理解

褒められたり、禁止されたりした言葉を理解できる

ひとりあそび

大人が相手をしなくとも、短時間はひとりで座っておもちゃなどで遊べる

※子どもの発達には個人差があります。また、発達の順序も1人ひとり異なります。
　あくまでも1つの目安として参考にしてください。

 11か月ごろ　　　　 **1歳**ごろ

援助のPoint!
● 子どもの転倒に注意し、尖ったもの、かたいものなどは子どもの行動範囲には置きません。

手先を使える
ものをつまむ、乗せる、入れる、相手にわたすなどができる

つかまり立ち・伝い歩き
壁や台などを支えにしてつかまり立ち、さらに伝い歩きなどができる

ひとりで立つ
支えなしにひとりで床から立ち上がる

尿意がわかる
尿が膀胱に溜まった感覚がわかり、大人に知らせる子どももいる

手づかみ食べ
大人の助けがなくても手づかみで食べ物を食べることができる

指先が使える
親指と人差し指でものをつまむ

スイッチあそび	つみ木あそび	押し車など	シールあそび
P.25 音の鳴る花畑	P.29 フルーツぐらぐらタワー	P.101 郵便屋さんごっこ	P.29 シールごちそうボード

繰り返しを楽しむ
スイッチなど、自分の働きかけで予想通りに変化することに気づき、楽しむ

周囲とコミュニケーション
声や身振り、指さしなどで自分の思いを周囲に伝えようとするようになる

初語
子どもによっては意味のある言葉を初めて出すようになる

感情がより複雑に
使っていたおもちゃを取られると泣く。得意がる、照れる、可愛がるなどの感情が表れる。また、思い通りに意思疎通ができず悔しがることもある

友達に興味
自分以外の子どもにも興味を示す

子どもの月齢・年齢別 発達の見通しとあそびのポイント

1歳ごろ

1歳3か月ごろ

あそびのPoint!

● 言葉のやりとりが楽しめるようになります。たくさん話しかけ、絵本を一緒に指さしたり、手あそびを楽しんだりして言葉の発達をうながしましょう。

体の発達

ひとり歩き

バランスをとりながら、ゆっくりと歩くことができる

立った姿勢も安定

上手にバランスをとり、ものを持ったまま立ち上がったり、ひものついたおもちゃをひっぱりながら歩いたりできる

コップを使う

コップに入れた飲み物をひとりで飲む

おすすめのあそび

大型遊具あそび

すべり台など

P.116 おしり歩きGO-STOP
P.117 鉄棒で輪くぐり

心の発達

「いや」

食べ物に好き嫌いが出たり、「いや」という意思表示をしたりする

自己主張

自我が芽生え、自己主張が強くなる。「自分のもの」という意識が生まれる

言葉でのコミュニケーション

大人からの簡単な言葉での指示を理解する

大人のまね

親など身近な大人の言葉や行動を、意味はわからなくともまねる

※子どもの発達には個人差があります。また、発達の順序も1人ひとり異なります。
　あくまでも1つの目安として参考にしてください。

1歳
6か月
ごろ

運動機能の発達

ボールを投げたり、けったり追いかけたりができる
階段をハイハイで上り下りする

ものや道具を使う

クレヨンでなぐりがきをしたり、積み木を2～3個重
ねたりできる
食事では、こぼすこともあるがスプーンを使って自
分で食べる

ひとりあそび	ボールあそび
	P.120　ボールころころ

見立てあそび
P.181　もみじシャワー P.200　とんかち指さん

感情

感情が発達する。自分の気
持ちをストレートに表現す
る

集中力

型はめ、つみ木、穴に棒を通す遊びなど、パズ
ルに近い集中力が必要なあそびも楽しむ

ほめられると繰り返す

ほめられるということが理解できる。ほめられ
ると喜んで同じことを繰り返す

子どもの月齢・年齢別 発達の見通しとあそびのポイント

1歳7か月ごろ

あそびのPoint!

● 自我が目覚め、子ども同士のトラブルが増えます。かみつきなどに注意しましょう。

1歳10か月ごろ

あそびのPoint!

● 低い段差を活用したあそびを取り入れましょう。何度も繰り返すと足首、ひざ、腰の関節の使い方が身につきます。

体の発達

歩行が安定	瞬発力	バランス感覚
歩くのが上手になり、方向を変えたり歩くスピードを調節したりできる	歩くだけでなく、小走りもできる 低い段差から飛び降りる	階段も手すりをつかんで歩いて上り下りする

おすすめのあそび

P.128 両手つなぎで後ろ歩き	P.129 ロープ・1本橋渡り	P.132 またぎ歩き

心の発達

「自分で！」	言葉で伝える	かみつき
自我が発達し、何でも自分でやりたがる	言葉の数が増える 語尾の抑揚で肯定や疑問を表現する 「これ」「あれ」などの指示語や「ちょうだい」などの言葉で欲求を伝える	思いを言葉で上手に伝えられず、「かみつき」が出てくることもある

※子どもの発達には個人差があります。また、発達の順序も1人ひとり異なります。
　あくまでも1つの目安として参考にしてください。

2歳
ごろ

おそびの
Point!

●お絵描きでは画材を
自由に使えるよう、
汚れてもいい、描く
ことを楽しめる環境
を整えましょう。

お椀を使う

食事のときにお椀に入れた
汁物なども食べられる

クレヨンなどを使う

クレヨンを持ち自分の意図
したように点や線を描く

しゃがむ

バランス感覚と筋力が発達
し、砂場などでしゃがんだ
姿勢のままでもあそべる

再現あそび
P.62　サンドイッチづくり

見立てあそび
P.60　にじみ絵かき氷
P.70　カラフルテントウムシ

二語文を用いた会話

「ママ、きて」、「本、よむ」
などのような二語文を用い
た会話をする

指示にしたがう

「ご本を 持ってきて」など、大人からの言葉による指
示を理解し、指示に合った行動をする
食事の前など椅子に座って準備を待てる

お気に入りのフレーズ

絵本の中の言葉やCMのキャッチフレーズ、キャラク
ターの決めゼリフなど、簡単な繰り返しの言葉をま
ねする

子どもの 月齢・年齢別 発達の見通しとあそびのポイント

2歳 ごろ

2歳 3か月 ごろ

あそびの Point!

● 歩く・動くのが楽しくてたまらない時期。自分でペース配分することは難しいので、水分補給や休憩は保育者がタイミングを見て、うながしましょう。

体の発達

歩行が完成	乳歯が生えそろう	階段	排泄機能の発達
安定して歩けるようになり、歩いたり走ったり子どもの思ったように活発に動き回ることができる	6歳臼歯以外の乳歯が生えそろう	手すりを使わなくても、バランスをとって階段を上り下りできる	親に尿意を伝えたり、トイレに着くまで我慢したりというコントロールができる

おすすめのあそび

ままごとあそび

P.74 アイスクリームづくり
P.146 マットにタックル！

心の発達

第一次反抗期（イヤイヤ期）

自我が拡大して要求が多くなり、大人の言うことを聞かない場面が増える
「魔の2歳児」という言葉もある

「見てて」

できるようになったことを見てほしい「見てて」と、まだ不安もあり、見守ってほしい「見てて」の2種類がある

人の感情を理解

笑う、泣く、怒る、楽しむなど、ほかの人の表情からその人の気持ちを推測する

※子どもの発達には個人差があります。また、発達の順序も1人ひとり異なります。
　あくまでも1つの目安として参考にしてください。

2歳
6か月
ごろ

あそびの Point!

●運動機能発達の個人
差が大きくなる時期。
みんなが楽しめるよ
う、あそびにも段階
をつけて準備するな
ど工夫をしましょう。

指先の機能が発達

スプーンやフォークを使って食べたり、ひも通
し、型はめなどを楽しんだりできる

運動のコントロール

速い・遅い、強い・弱い、高い・低いなどを理
解し、自分の体の動きも調整する

　手あそび 　　　　　　　　鬼ごっこなど

P.201 **みんなのクレープ**

自尊心

自我が発達するにつれ、恥ずかしいのは嫌だ、
失敗したくないなどの自尊心が芽生える

ルールの理解

「赤信号では止まる」、「鬼が来たらつかまらな
いように逃げる」など簡単なルールが理解でき、
したがう

所有の理解

「自分のもの」「友達のもの」
「みんなのもの」などがわ
かる

並行あそび

友達と同じ場所で同じことをし
てあそんでも互いにほとんど関
わらないあそび方ができる

あいさつ

「おはようございます」、「こ
んにちは」、「さようなら」
など簡単なあいさつをする

発達の見通しとあそびのポイント

子どもの 月齢・年齢別

2歳
7か月
ごろ

あそびの Point!

● 自己主張が強くなり、おもちゃなどを取り合いますが、「いいよ」と友達に貸せるようにもなります。子ども同士のやりとりを尊重し、ほどよい距離で見守りましょう。

2歳
10か月
ごろ

体の発達

横歩きや後ろ歩き

片足立ちやつま先立ちでバランスがとれる
横歩きや後ろ歩きができる

排泄機能の発達

排泄がだいぶコントロールできるようになり、朝の起床時や午睡のあとの目覚めまでオムツを濡らさずに寝られる

はさみ、のりの使用

指先の運動機能が発達し、紙をハサミで切ったり（1回切り）、のりを使いはりつけたりができる

おすすめのあそび

乗りものあそび

P.162 とびら押し

心の発達

興味の幅が広がる

家族や身近な人のほか、三輪車などの乗り物にも興味をもち、乗りたがる

経験を話す

自分が経験したことを相手に話そうとする
自分の要求を相手に言葉で伝える

社会性

友達の名前を覚え始める
友達と一緒にあそびたいという思いが芽生える

※子どもの発達には個人差があります。また、発達の順序も1人ひとり異なります。
　あくまでも1つの目安として参考にしてください。

3歳
ごろ

あそびの Point!

● 勝ち負けやルールを理解し、がまんもできるように。特定の子どもだけにがまんが多くならないよう気を配りましょう。

ジャンプや片足とび

筋力やバランス感覚、瞬発力やリズム感などが発達し、ジャンプや片足とび（ケンパ）などを楽しめるように

基本的な運動機能の完成

基本的な運動はひと通りできる

おむつが外れる

個人差が大きいが、自分でトイレに行き排泄ができるようになり、おむつがはずれる

感覚あそび

砂場あそび、粘土あそびなど

P.185 キラキラ水すくい
P.188 落ち葉カサコソ隊

ごっこあそび

・アニメやヒーロー番組、絵本などのキャラクターになってあそぶ
・パネルシアターなど

規則の理解

ルールや決まりをある程度理解し、それを意識した行動ができる

がまん

友達と物の貸し借りをしたり、同じおもちゃを順番に使ったりできる

役に立つ喜び（高次欲求）

身近な大人の手伝いをしたがる
人の役に立つことができると喜ぶ

ストーリーの理解

簡単なルールやストーリー性のあるあそびを楽しむ
物語の内容を理解する

本の特長 とっても嬉しい3つの特長

**一年中いつでも役立つ
あそびのアイデア**
保育の現場の「今」を知るあそび作家（現役の保育士や人気のYouTuberなど）が、0・1・2歳児にぴったりのあそびをたっぷり紹介。

あそびが選びやすい！
年齢別、非認知能力、遊びのジャンル、粗大・微細運動、場所、季節など、あらゆる条件であそびをすぐに探せる。

**オリジナル曲を
ダウンロードできる**
あそび作家のオリジナル曲を音声つき、メロディーのみを選んでダウンロードできる使いやすさ！ 「今すぐ」のあそびに生かせます。

**1章
製作
あそび**

●年齢
あそびの対象年齢の目安を表します。

あそびを通して、子どもが感じたり経験したりしたい事柄です。

●カテゴリー
あそびの種類を示します。

●材料
製作あそびに必要な素材を記しています。準備する際の参考にしてください。

●非認知能力
主に育つ非認知能力を項目ごとに紹介します。
P.226～233もご覧ください。

●準備
保育者が事前に準備することを紹介します。
P.25～32は手づくりおもちゃの作り方を掲載しています。

●注意
けがや事故を防ぐために、特に注意したいことや心がけたいことを紹介します。

●あそびのPoint
あそびが盛り上がるヒントやアドバイス、ちょっとしたコツを解説します。

●アレンジ
さらにあそびが広がるバリエーションのあそびアイデアです。

●インデックス
そのページで紹介するあそびの年齢、ジャンル、室内・外を一覧で示します。

2章
運動
あそび

●人数
あそびに必要な子ど
もの人数の目安です。

●室内・外あそび
室内・外あそびの種類
を示します。

●粗大・微細運動あそび
粗大・微細運動あそびの種類を示します。
P.234～235もご覧ください。

3章
自然
あそび

●季節
春夏秋冬の種類を示
します。

4章
音楽＆
シアター
あそび

●音声ダウンロード
URLもしくは二次元
コードへアクセスして
ダウンロードできます。

※お持ちの端末に合わせた方法でダウンロード、
再生をしてください。お使いの端末によって
はダウンロードできない場合があります。
また、ダウンロードする際の通信費はお客様
のご負担となります。本サービスは予告なく
終了する場合がございます。あらかじめご了
承ください。

はじめに

　０・１・２歳の子どもたちは、なんと可能性に満ちた存在でしょう。お世話をされるだけの存在ではありません。日に日にめざましい成長を見せています。

　本書はそんな０・１・２歳の子どもたちに「多様なあそびの中から、発達に必要な経験をさせたい」と願う保育者のために生まれました。

　あそびの中に、「学びの芽生え」があります。人生を豊かに生きるための基礎が、すでに育まれているのです。

　その中には「生きる力」と言われるものが多く含まれています。テストや数値で測ることができない力なので、「非認知能力」と呼ばれています。難しそうですが、私たち保育者がこれまでも大切にしてきたものにほかなりません。

　本書では、製作あそび、運動あそび、自然あそび、音楽＆シアターあそびの４つのテーマでオススメのあそびを紹介しています。そして、そのあそびをすることによって「育つと思われる主な非認知能力」も明記しました。

　ただ、これらをやらせればよいというわけではありません。子どもが興味をもち、自分からやりたいと思うことが何より大切です。なぜなら「自分で考えて自分で行動する」という主体性を身につけることが土台となるからです。やらされていることでは子どもは育たないのです。

　あとは保育者の腕次第！　子どもが興味をもちそうなあそびを見つけたら、必要な環境を整えて「子どもがどんな表情を見せるかな？」とワクワクした気持ちで誘いかけてください。

　先生方と子どもたちの笑顔あふれる毎日を、力いっぱい応援しています。

横山洋子

一年中楽しめる！ 製作 あそび

子どもにとって心地よい感触の素材を、
丸めたり、破いたりして、
自分からやってみたいと思えるようなプランを集めました。
年齢別の発達に適した取り組みやすさと
素材使いの製作あそびが満載です。

⚠ 安全に関する注意事項 ⚠

全てのあそびは、保育者が見守る中で行うことを想定しています。以下の点や各あそびの注意事項と扱う素材や道具、あそぶ場の環境、子どもの様子をよく確かめ安全に配慮しましょう。

誤飲・誤嚥・誤食について
ビーズ、鈴、ペットボトルのふたなど小さな素材は、子どもが口の中に入れ窒息の原因になる可能性があります。保育者は道具や素材の数や場所を常に把握し安全な環境を整え、子どもの手や口の動きに注意し、見守りましょう。

ひもの巻きつきについて
毛糸、スズランテープ、テープなど長さのあるひも状のものは、子どもの手指や首、体に強く巻きつき、ケガや窒息の原因になる可能性があります。保育者は子どもの様子を常に確かめ注意し、見守りましょう。

肌のアレルギーについて
絵の具、のり、粘土、植物など直接、体に触れるものはアレルギー等に注意し、使用後は必ず手を洗う、または水で濡らしたタオルなどできれいに拭き取りましょう。

製作 あそびを始める前に

身近な素材を見たり、触ったりすることを通して、様々な感覚につながるような感性の種となる経験を重ねたいものです。準備や仕上げを保育者が行い成長の記録を完成させましょう。

⚠ 安全にあそびを楽しむために

手で触ったものを口に入れたり、触った指を口に含んだりする場合があるので、衛生面に注意しましょう。また、食べてはいけないことを言葉で伝えるとともに身振りでも伝えつつ、口に入れてもよいものにして目を離さないようにしましょう。保育者の仕草や動作を見てまねることがあります。保育者自身の立ち居振る舞いにも十分気をつけましょう。

0歳児　いろいろな刺激を受けながら少しずつ広がる感覚

柔らかい紙や自然の素材に触れたり、やぶったり、匂いや音を楽しめるあそびをします。子どもが握ったクレヨンに保育者が手を添えて、画用紙に線を描く感触や、点を打つ感覚も味わえるようにします。

1歳児　創造力が育まれ様々な表現ができるように

歩く、つまむなど、自分でできる行動が増え、意欲が高まる時期です。自分からやってみたいと思えるような環境を作りましょう。また、絵の具や粘土など初めて経験する感触を楽しむ素材あそびがおすすめです。

2歳児　自我が芽生え、何でも自分でやってみたい時期

基本的な生活習慣が身につき、身の周りのことができるようになった自信から何でも自分でやろうとします。あそびもいつもの手順ですることにこだわり、保育者の援助を拒む場合もあります。新しい素材や道具を取り入れ、あそび方や素材の使い方にアレンジを加えた活動をします。

| 手作りおもちゃ | 保育者が製作し、子どもは完成したものを使ってあそびを楽しむ。P.25〜32 |
| 製作あそび | 保育者が準備や仕上げをし、子どもは製作する過程や完成したものを使うあそびを楽しむ。P.36〜83 |

製作あそびに適した環境

素材・用具の収納

● すぐに取り出せるよう、素材や用具は種類ごとにストックする。
● 子どもが作りたいと思った際、いつでも手に取れるよう、視覚的にわかりやすく整理する。
● はさみなど、危険なものは素材とは別に管理する。

壁面の工夫

● 季節や行事を伝えるモチーフを選び、心地よい保育室を作り出す。
● 子どもの作品を壁面飾りに活用し、子どもの自信や安心感につなげる

服装の工夫

● 思い切った製作あそびを楽しめるよう、汚れてもよい服装にする。

床面の工夫

● 汚れてもよいように、また子どもがすべらないように、必要に応じてシートや新聞紙などを敷く。

自然とふれあう工夫

● 園庭や花だんなどに、季節を感じられる植物を植える。

音の鳴る花畑

0歳

いろいろな素材に触れて感触や音を楽しみます

つかむ

室内

材料

- 段ボール板
- フェルト
- 鳴き笛
- 鈴
- ポリ袋
- 綿
- アクリル絵の具
- 布テープ
- 木工用接着剤

作り方

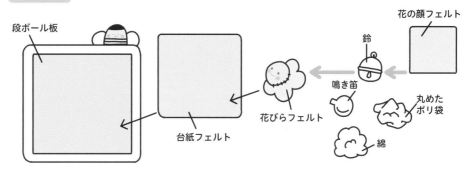

① 花の顔はフェルトに綿と素材を1つ入れて作る。
② ①を花びらのフェルトに縫いつけ、アクリル絵の具で顔を描き、台紙のフェルトに木工用接着剤ではる。
③ 段ボール板のふちを布テープでカバーし、②を木工用接着剤ではる。ハチは段ボール板にアクリル絵の具で描く。

あそび方

花をつかんで、柔らかい綿やポリ袋のガサガサした感触と、鈴や鳴き笛の音を楽しむ。

おもちゃの Point!

花の中身に入れる素材は、新聞紙や毛糸などに変えても触り心地が楽しめます。子どもがうつぶせの際には床置きにしましょう。

子どもの小さな手でつかみやすい形と大きさに

0歳

手作りおもちゃ

室内

外

25

0歳

ハンカチの様々な音や感触のおもしろさを味わうおもちゃです

くしゃくしゃハンカチ

つかむ

主に育つ非認知能力
- 好奇心
- 気づき
- 探求心
- 挑戦意欲

室内

材料

- ハンカチ（タオル地）
- バンダナ
- ポリ袋
- 面ファスナー
- 綿テープ

あそび方

ハンカチをつかんだり丸めたりしながら、ポリ袋のガサガサした感触や音を楽しむ。

作り方

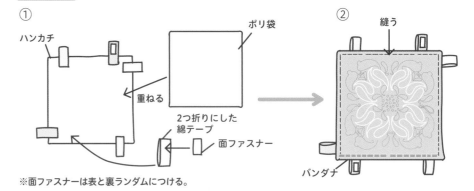

① ハンカチ ／ ポリ袋 ／ 重ねる ／ 2つ折りにした綿テープ ／ 面ファスナー

※面ファスナーは表と裏ランダムにつける。

② 縫う ／ バンダナ

① 面ファスナーを縫いつけた綿テープをハンカチに乗せ、ポリ袋を上から重ねる。
② さらにバンダナを重ね、周りをミシンで縫いつける。

作るときのPoint!
表と裏の素材を変え、触り心地に違いを出します。（タオル地はフカフカ、バンダナはサラサラ）

ガサガサ音がする！

アレンジ

面ファスナーをくっつけて

面ファスナーをくっつけると、ハンカチが様々な形になります。くしゃくしゃさせるだけでも、いつのまにかユニークな形に！

どんな形になるかな？

0歳

動物たちと一緒につなひきをしている気分を楽しみます

動物つなひき

ひっぱる

主に育つ非認知能力
● 好奇心
● 探求心
● 手と目の協応
● 手指の操作

室内

材料
● 画用紙
● ひも
● 水性ペン
● 厚紙
● 布テープ
● 木工用接着剤

作り方

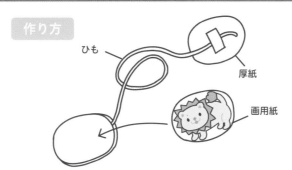

ひも
厚紙
画用紙

※動物は表と裏にはる。

① 丸く切った厚紙にひもを布テープで固定する。
② 厚紙に木工用接着剤をつけ、同じ形の厚紙で挟む。
③ 画用紙に水性ペンで動物を描く。
④ ③で作った動物を厚紙の両面にはる。

0歳

あそび方

動物の厚紙やひもを振ったり持ち上げたりして、つなひきを楽しむ。

ひっぱれー！

おもちゃの Point！

子どもがひもをどちらからひっぱっても、動物とつなひきをする姿になります。太いひものほうがひっぱる充実感が増します。

両手で
持ちやすい！

手作りおもちゃ

室内

アレンジ

**輪切りの
スポンジ棒**

輪切りにしたスポンジ棒を等間隔でひもに結びます。軽く厚みがあり、両手で持ちやすくなります。

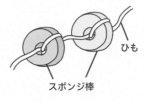

スポンジ棒
ひも

⚠ ひもが子どもの首に巻きつかないよう注意し、見守りましょう。（P.23 参照）

1歳

子どものいたずら心をくすぐる仕掛けがたくさんあります

パタパタ窓の動物探し

いたずら

主に育つ非認知能力
- 探求心
- 充実感
- 観察力
- 好奇心

室内

材料

- 段ボール箱
- 布テープ
- 画用紙
- 丸シール
- 両面テープ
- ウェットティッシュのふた

作り方

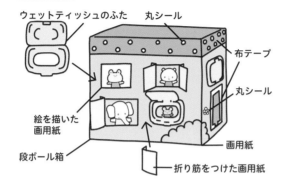

ウェットティッシュのふた / 丸シール / 布テープ / 丸シール / 画用紙 / 折り筋をつけた画用紙 / 段ボール箱 / 絵を描いた画用紙

① 絵を描いた画用紙を段ボール箱にはる。

② 画用紙の上に、窓の扉となるウェットティッシュのふたや折り筋をつけた画用紙をはる。ウェットティッシュのふたは両面テープではる。

③ 窓以外の部分を布テープや丸シールで飾りつけたり、箱に穴を開けたりする。

あそび方

窓を開けたり閉めたりして繰り返すおもしろさを味わう。

おもちゃのPoint!

ほかにも仕掛けがあるか探してみましょう。窓を開けるまで何が出てくるかわからないワクワクが楽しめます。

\ 裏には大きな穴 /

\ 洗濯物を発見！ /

アレンジ

窓から何が出るかな？

窓の中から、動物の服など子どもが喜びそうなモチーフをひっぱり出せる仕掛けにしましょう。何度もひっぱり出したくなるおもしろさです。

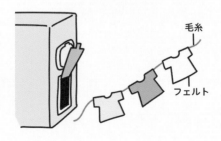

毛糸 / フェルト

① 箱に穴を開け、切り口にテープをはり、扉をつける。

② 木工用接着剤をフェルトにつけ、毛糸を挟む。

③ 段ボール箱の内側に②を布テープではる。

1歳

丸シールをたくさんはったり、はがしたりできるあそびです

シールごちそうボード

はる

主に育つ非認知能力
- 好奇心
- 充実感
- 創造力
- 手指の操作

室内

材料

- コピー用紙
- 段ボール板
- クリアファイル
- 丸シール
- 布テープ

あそび方

保育者の見本を見ながら、子どもが丸シールを台紙から1枚ずつはがし、ブタのコックさんが持つお皿の絵の上にはる。

作り方

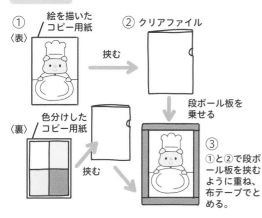

① 絵を描いたコピー用紙〈表〉

② クリアファイル

挟む

段ボール板を乗せる

〈裏〉色分けしたコピー用紙

挟む

③ ①と②で段ボール板を挟むように重ね、布テープでとめる。

＼ 上手にはれた ／

おもちゃのPoint!

丸シールの色の種類はたくさん用意しましょう。色選びも楽しめます。

アレンジ

裏は色合わせ

丸シールと同じ色の四角を探してはります。

⚠ 丸シールを子どもが口に入れないよう注意し、見守りましょう。（P.23 参照）

1歳

丸く切った平らな段ボール板を積み重ねるバランスゲームです

フルーツぐらぐらタワー

重ねる

主に育つ非認知能力
- 目と手の協応
- 手指の操作
- 挑戦意欲
- 達成感

室内

材料

- 段ボール板
- 画用紙
- 水性ペン
- のり

あそび方

丸く切った段ボール板をバランスよくたくさん積み重ねたり、崩したりして楽しむ。

アレンジ

フルーツの切り口はどれかな？

フルーツの絵をバラバラに並べ、同じフルーツの切り口を探したり、当てたりすることで、あそびが広がります。

作り方

作るときのPoint!

バランスゲームを楽しめるよう、段ボール板の大きさは大小様々にしましょう。裏には一回り小さい段ボール板をはり、重ねても絵が見えるようにします。

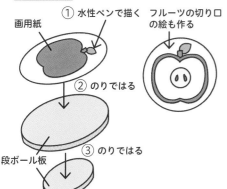

画用紙

① 水性ペンで描く

フルーツの切り口の絵も作る

② のりではる

③ のりではる

段ボール板

〈裏〉

1歳

手作りおもちゃ

室内

29

2歳

おいしそうなドーナツの穴にひもを通してあそびます

ドーナツひも通し

ひも通し

主に育つ非認知能力
- 目と手の協応
- 手指の操作
- 挑戦意欲
- 達成感

室内

材料
- 画用紙
- 布テープ
- 絵の具
- 紙パック
- ひも
- 段ボール板
- 色えんぴつ

作り方

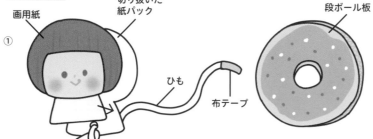

① 画用紙で子どもの絵を作る。
② 紙パックを画用紙の絵と同じ形に切り、重ねてはる。
③ 絵の下に穴を開け、ひもを通して結ぶ。
④ 丸く切った段ボール板に穴を開け、絵の具で模様を描く。

あそび方

ひもを結んだ子どもの絵を子どもに手渡し、「ドーナツを食べさせてあげよう」と声をかけながら、ドーナツの穴にひもを通すよううながす。

おもちゃの Point!
子どもがひも通しに慣れたら、保育者はドーナツを食べるふりをしてままごとあそびにつなげることができます。

アレンジ

レベルアップひも通し

レンコンなど大小様々な穴が開いた野菜を作り、穴を選ぶところから始めます。レベルアップしたひも通しにもチャレンジ！

〈レンコン〉

丸く切った段ボール板に穴を開ける

段ボール板

たくさんあって迷っちゃう！

⚠ ひもが子どもの首に巻きつかないよう注意し、見守りましょう。（P.23 参照）

2歳

丸や三角、四角のクッキーがどこにぴったりはまるかを考えます

クッキーはめ絵パズル

はめる

材料

- 段ボール板
- 画用紙
- リボン
- マスキングテープ
- 布テープ
- のり

あそび方

リボンの色や穴の形と色をヒントに、クッキーをはめたり、つまんだりするのを楽しむ。

作り方

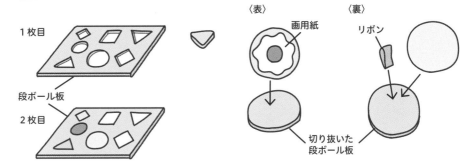

① 段ボール板を様々な形に切り取る。
② 切り取った段ボール板の形に合わせ、様々な色の画用紙を2枚切り、もう1枚の段ボール板に1枚ははる。
③ 2つの段ボール板を重ね、周りを布テープではる。
④ クッキーの絵を描いた画用紙を切り取った段ボール板にはる。(表)
⑤ リボンを切り取った段ボール板と画用紙に挟んではる。(裏)
※切り取った段ボール板の角は丸くし、ふちはマスキングテープでカバーする。

おもちゃのPoint!
リボンをつまむだけで簡単に取り出せます。

リボンがあるとつまみやすい
〈裏〉

クッキーおいしそういただきます

アレンジ

クッキー屋さんごっこ

保育者がクッキー屋さんになって、「どの形のクッキーがほしいですか?」などのやりとりを楽しみます。

あそびアイデア 佐藤ゆみこ

2歳

車両同士がつながる紙パックの電車を作ります

電車の連結あそび

ごっこあそび

室内

主に育つ非認知能力
- 意欲
- 手指の操作
- 想像力

材料

- 紙パック（1000mlサイズ）
- 新聞紙
- 画用紙
- テープ
- 強力磁石
- ペットボトルのふた
- 竹ひご
- ストロー
- 布テープ
- 水性ペン
- のり

作り方

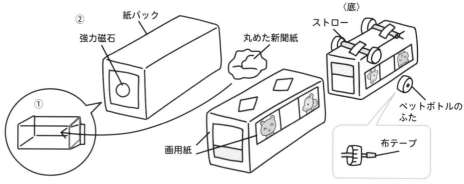

① 紙パックの上の部分を切り、丸めた新聞紙を中に詰めてテープでとめて閉じる。
② 強力磁石を紙パックの両端にテープでとめる。
③ 紙パックの回りに緑の画用紙をはり、その上から窓や動物を描いた画用紙をはる。
④ ストローに竹ひごを通し、テープで電車の底にはる。
⑤ ペットボトルのふたに穴を開け、竹ひごにさす。
※竹ひごの先端は布テープを巻いてカバーする。

あそび方

保育者が「出発進行」と言いながら、紙パックの電車を走らせてみせ、子どもの電車あそびを支えます。

おもちゃのPoint!

車輪つきなので少し押すだけでも動きます。強力磁石で車両同士をつなげることもできます。

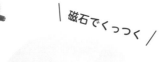

磁石でくっつく

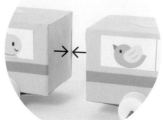

アレンジ

線路の上を電車でGo

大きな画用紙に線路を作ります。保育者がお客さんになり、「乗せてくださーい」「ここでおりまーす」などと言いながら電車ごっこを楽しみます。

＼ みんなを乗せて出発だ！ ／

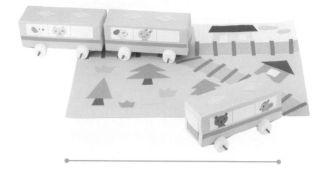

片付けは、あそび感覚で
楽しく習慣に

大人にとっては、出したものを元の場所に戻すのは当たり前のこと。でも、子どもにはまだその行動が「片付け」という概念はありません。ただ「片付けましょう」と伝えても、楽しいあそびを中断してまで、わざわざ片付けに時間を割こうとは思えないでしょう。けれども、片付けの習慣や整理整頓は、子どもが成長し生活していく上で必要なスキルです。そこで、あそび感覚で楽しく片付けを習慣にするためのヒントを紹介します。

片付けについて子どもに教え始めるのは、大人の言葉を理解できるようになる1歳頃から。といっても最初は保育者がお手本を見せるだけでOK。「このクマちゃんはあそんだあとは、あそこのおうちに帰りたいんだって」のように、保育者が声をかけながら、所定の場所に片付けることを繰り返し見せます。

実際に子ども自身が片付けを習慣にする適齢期は2歳半くらいから。そのときには、子どもが「自分でもやってみたい！」とワクワクするような工夫があるとよいでしょう。

例えば、「これ、どこにあったか覚えてる？」とクイズを出し、「大当たり〜！　じゃあ、○○ちゃん、入れられますか？」というようにすれば、子どもにとって楽しいあそびになるでしょう。積み木やブロックを箱の中に入れる際に、タイミングを合わせて「どぼ〜ん」、「ぽん！」、「ただいま〜」などと楽しい効果音を添えるだけでも、楽しくなります。

また、視覚的にわかりやすい工夫も必要です。収納場所に片付けるものの絵や写真をはり、「同じ絵のところに入れよう！」とするだけで、あそび感覚で取り組めるようになります。

スッキリした空間作りは不慮の事故を防ぐためにも大切です。片付けを習慣にし、自分のことは自分でする心地よさを体験させます。そして、すっきりした空間で過ごしましょう。

季節の製作

春 Spring

プチプチ桜スタンプ	0歳	P.36
お花紙のチョウチョ	0歳	P.37
手形のミツバチ	0歳	P.38
お花紙のタンポポ	0歳	P.39
紙皿ひな祭りリース	1歳	P.54
紙皿タケノコ	1歳	P.55
ゆらゆらこいのぼり	1歳	P.56
チョウの影あそび	2歳	P.69
カラフルテントウムシ	2歳	P.70
桜と花畑	2歳	P.71

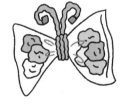

夏 Summer

スイカもぐもぐ	0歳	P.40
おさんぽカメさん	0歳	P.41
ヒマワリ、はいどうぞ	0歳	P.42
ゆびスタンプの傘	0歳	P.43
七夕吹き流し	1歳	P.57
手形カニとスタンプ	1歳	P.58
ビー玉コロコロペイント	1歳	P.59
にじみ絵かき氷	1歳	P.60
スタンプ花火	2歳	P.72
海の生き物のれん	2歳	P.73
アイスクリームづくり	2歳	P.74
プールで魚すくい	2歳	P.75
光る！ ソルトペイント	2歳	P.76

あそびカレンダー

秋 Autumn

リンゴがみのった！　0歳　P.44
ゆび絵の具カボチャ　0歳　P.45
ふわふわオニギリ　0歳　P.46
スタンプ落ち葉　0歳　P.47
やさいフラッグ　1歳　P.61
サンドイッチづくり　1歳　P.62
いもほりごっこ　1歳　P.63
ペタペタ立体キノコ　1歳　P.64
毛糸のミノムシ　1歳　P.65
ハロウィンバッグ　1歳　P.66
ペタペタ紅葉狩り　1歳　P.67
落ち葉のドレス　2歳　P.77
まごの手　2歳　P.78
ハロウィンマスク　2歳　P.79
キラキラドングリ　2歳　P.80

冬 Winter

手形のクリスマスツリー　0歳　P.48
サンタのマラカス　0歳　P.49
くしゃくしゃ雪だるま　0歳　P.50
手形オーナメント　0歳　P.51
だるまボール　1歳　P.52
節分コロコロおに　1歳　P.53
毛糸まきまき　2歳　P.81
お絵描きツリー　2歳　P.82
ペタペタ紙皿リース　2歳　P.83

0歳

スタンプを繰り返して、満開に咲かせよう

プチプチ桜スタンプ

スタンプ

主に育つ非認知能力
- 創造力
- 手指の操作
- 想像力
- 充実感

室内

材料

- 絵の具（ピンク）
- トイレットペーパーの紙芯（茶）
- 画用紙（白）
- 乳酸菌飲料の容器
- 気泡緩衝材
- マスキングテープ
- 輪ゴム

あそび方

1 保育者は画用紙をマスキングテープで机に固定し、子どもの手を支える。子どもは気泡緩衝材の部分に絵の具をつけスタンプを押す。

2 保育者が切り込みの入った紙芯に画用紙を差し込む。

準備

① 乳酸菌飲料の容器の底に気泡緩衝材を包み、輪ゴムでくくる。
② トイレットペーパーの紙芯の上に、2か所切り込みを入れる。
③ 満開の桜をイメージした形で画用紙を切る。
④ スタンプ台（皿に水で溶いた絵の具）を用意する。

ペタペタしようね

あそびのPoint!
子どもの手でも握りやすい形の容器を使います。気泡緩衝材の凸凹でスタンプを押します。

アレンジ

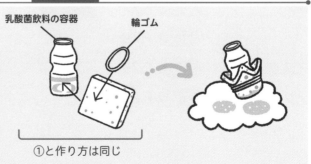

スポンジスタンプ

気泡緩衝材の代わりに、台所用スポンジを厚さ1cmほどの四角に切り乳酸菌飲料の容器に輪ゴムでくくります。大きな丸のスタンプも楽しめます。

①と作り方は同じ

⚠ 絵の具のついた手を子どもが口に入れないよう注意し、見守りましょう。（P.23 参照）

0歳

様々な色のお花紙を自由に選んで、くしゃっと丸めます

お花紙のチョウチョ

丸める

主に育つ非認知能力
● 好奇心
● 手指の操作
● 想像力
● 充実感

室内

材料

● お花紙
● ポリ袋（透明）
● モール
● テープ

あそび方

1 子どもがお花紙をくしゃくしゃに丸め、ポリ袋に入れる。

2 保育者はポリ袋の口をテープでとめて真ん中をモールで巻き、チョウの触角部分をテープでカバーして丸める。「ちょうちょう」の歌をうたいながら、パタパタとチョウが飛んでいるように動かし、子どもの手や頭に乗せて、「チョウがとまったね」と声をかける。

準備

様々な色のお花紙を並べておく。

あそびの Point!
お花紙の色の組み合わせを楽しみながらカラフルなチョウを作ります。

0歳

製作

室内

外

アレンジ

腕を振ってパタパタ

2本の輪ゴムを結び、ポリ袋のチョウのモール部分にくくります。もう片方の輪ゴムは子どもの腕に通します。子どもが腕を振るたびにチョウもふわふわと動きます。

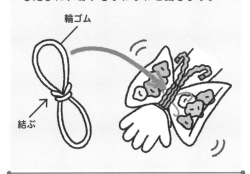

輪ゴム

結ぶ

モール

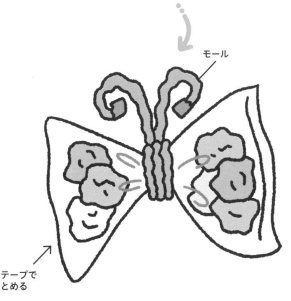

テープでとめる

0歳 絵の具に直接触って感触を楽しむあそびです

手形のミツバチ

手形スタンプ

主に育つ非認知能力
- 感性
- 手指の操作
- 充実感
- 達成感

室内

材料

- トイレットペーパーの紙芯
- 画用紙（白、黒、黄）
- 絵の具（水色）
- 丸シール（黒、赤）
- トレー
- テープ
- ガーゼ

準備

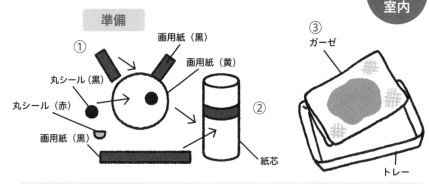

① 画用紙（黄）を丸く切り、丸シールをはる。細く切った画用紙（黒）を裏からはる。
② トイレットペーパーの紙芯に画用紙（黄）を巻いてはり、その上から画用紙（黒）を巻いてはる。
③ 手形用のスタンプ台（ガーゼに絵の具を染み込ませ、トレーに置く）を用意する。

あそび方

1 子どもが画用紙に手形を押す。手形の形に合わせて保育者が切り取る。

あそびのPoint!
保育者は子どもの指を広げるようにしながら、手を押さえて絵の具を写し取ります。1人の保育者が子どもの手を開き、もう1人が筆で手早く塗るのもおすすめです。

2 テープでミツバチの背中に手形をはる。

アレンジ

子どもの顔写真で子どもミツバチ

ミツバチの顔部分に子どもの顔写真をはれば、子どもがミツバチに変身したようになります。

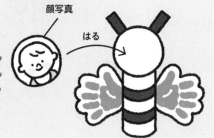
顔写真
はる

⚠ 絵の具のついた手を子どもが口に入れないよう注意し、見守りましょう。（P.23 参照）

お花紙のタンポポ

0歳

素材の感触を楽しみます

丸める

室内

主に育つ非認知能力
- 探究心
- 手指の操作
- 充実感
- 達成感

材料

- 画用紙（黄、緑）
- お花紙（黄）
- 両面テープ

準備

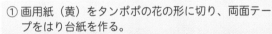

① 台紙
画用紙（黄）　両面テープ
②
画用紙（緑）

① 画用紙（黄）をタンポポの花の形に切り、両面テープをはり台紙を作る。
② 画用紙（緑）を茎と葉の形に切る。

あそびの Point!
くしゃくしゃに丸めやすいよう、お花紙のサイズは子どもの手の大きさに合わせます。お花紙を半分に切るなどして、子どもの広げた手のひらより少し大きめのサイズがよいでしょう。

あそび方

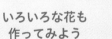

1 子どもがお花紙をくしゃくしゃと丸める。

2 タンポポの台紙に、くしゃくしゃのお花紙をはる。

3 保育者がタンポポの花を茎や葉とはり合わせる。

アレンジ

いろいろな花も作ってみよう

様々な色のお花紙を用意し、タンポポ以外の花も作ります。「○○の色だね」と子どもが手にした色に合わせた声かけをします。

0歳

製作

室内

外

0歳

手で描く楽しさを味わいます

スイカもぐもぐ

指スタンプ

主に育つ非認知能力
- 創造力
- 手指の操作
- 手と目の協応
- 好奇心

室内

材料

- 画用紙（赤、緑）
- 折り紙（うすだいだい色）
- 写真
- 絵の具（黒）
- テープ

準備

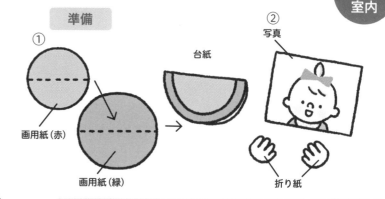

① 丸く切った画用紙（赤）を画用紙（緑）に重ね、半分に折る。
② 折り紙（うすだいだい色）を手の形に、子どもの顔写真は輪郭に合わせて切る。
③ スタンプ台を作る。

あそび方

1 保育者は台紙をテープで固定し、子どもの手を支える。子どもは指に絵の具（黒）をつけスイカの種のスタンプする。

アレンジ

食べる顔を変えて

子どもの顔写真でなく、似顔絵や動物キャラの顔をはり、バリエーションを豊かにしてもOK！

あそびのPoint!

スイカを食べているように見せるので、子どもの写真は画用紙の裏にはります。子どもが軽く触るだけで、ゆらゆらと揺れる置き飾りになります。

2 スタンプをした画用紙に、切り抜いた子どもの顔写真と手の形の折り紙をはる。

⚠ 絵の具のついた手を子どもが口に入れないよう注意し、見守りましょう。（P.23 参照）

0歳

ひもをひっぱると模様が描ける技法で作ります

おさんぽカメさん

 ひっぱる

土に育つ非認知能力
- 気づき
- 手指の操作
- 手と目の協応
- 充実感

室内

材料

- 紙皿
- 絵の具（緑、黄緑など）
- ひも
- 折り紙（緑）
- 丸シール

準備

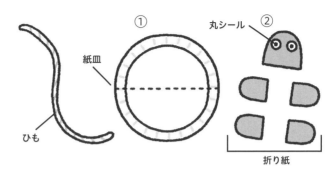

① 紙皿
ひも
② 丸シール
折り紙

① 紙皿を谷折りし、折り筋をつける。
② 折り紙をカメの頭と手、足の形に切り、頭に丸シールをはる。

あそび方

1 保育者はひもに絵の具をつけ、紙皿に挟む。子どもはひもをひっぱる。これを何度か繰り返して模様を描く。

あそびの Point!
ひっぱって甲羅の模様を描く際は、様々な色を使いカラフルに仕上げます。

2 模様を描いた紙皿に切り込みを入れ、平たい円すい状にし、テープでとめる。カメの顔や手足をはり、模様を描くのに使ったひもを顔の裏にはる。

アレンジ

甲羅の模様をスタンプで

気泡緩衝材を四角に切り、乳酸菌飲料の容器に輪ゴムでくくります。小さな丸模様のカメさんになります。

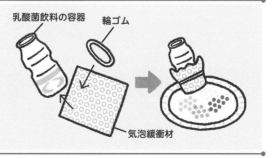

乳酸菌飲料の容器　輪ゴム
気泡緩衝材

⚠ 絵の具のついた手を子どもが口に入れたり、ひもを首に巻きつけたりしないよう注意し、見守りましょう。（P.23 参照）

0歳

製作

室内

外

0歳

手形の楽しみ方が広がります

ヒマワリ、はいどうぞ

手形スタンプ

主に育つ非認知能力
● 想像力
● 好奇心
● 手と目の協応
● 充実感

室内

材料

● 画用紙（白、水色、黄、茶、緑）
● 絵の具（うすだいだい色）
● テープ
● ガーゼ
● トレー

準備

①②
画用紙（黄）
画用紙（水色）
画用紙（茶）
画用紙（緑）

画用紙（白：手形用）

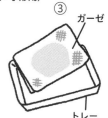
③
ガーゼ
トレー

あそび方

あそびのPoint!
手形は手首まで絵の具をしっかり塗り、写しとります。手のひらだけよりも、ヒマワリをつかむ臨場感が増します。

① 丸く切った画用紙（茶）の周りに、画用紙（黄）をはりヒマワリを作る。
② 画用紙（水色）に、茎と葉の形に切った画用紙（緑）をはり、その上に①をはる。
③ 手形用のスタンプ台（ガーゼに絵の具を染み込ませ、トレーに置く）を用意する。

1 子どもが画用紙に手形を押す。保育者は手形の形に合わせて切り取る。

2 保育者がヒマワリの茎に合わせて手形をテープではる。

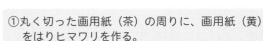
アレンジ

ヒマワリの模様をスタンプで

気泡緩衝材を四角に切り、ペットボトルの容器に輪ゴムでくくります。ヒマワリの中央の模様に使えます。

ペットボトルの容器
輪ゴム
気泡緩衝材

⚠ 絵の具のついた手を子どもが口に入れないよう注意し、見守りましょう。（P.23 参照）

0歳

指の形を雨のしずくに見立ててあそびます

ゆびスタンプの傘

指
スタンプ

主に育つ非認知能力
● 達成感
● 探求心
● 手と目の協応
● 充実感

室内

材料

● 紙皿（白）
● 絵の具（青）
● ストロー（曲がるタイプ）
● ビニールテープ
● マスキングテープ

準備

紙皿

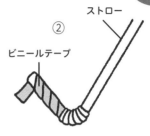
ストロー
ビニールテープ

① 紙皿の回りを波形に切る。
② ストローの先端にビニールテープを巻く。
③ スタンプ台を用意する。

あそびのPoint!
保育者は「雨ポツポツだね」など子どもが楽しめるような声をかけましょう。できあがった傘を子どもがさすように持つと、雨の雰囲気を味わえます。

あそび方

1 保育者は紙皿をマスキングテープで机に固定し、子どもの手を支える。子どもは指に絵の具をつけて、しずくのスタンプを押す。

雨ポツポツだね

2 保育者は紙皿に切り込みを入れ、円すい状にする。頂点の部分を切り取りストローを通す。

製作

室内

外

アレンジ

傘を吊るして飾る

傘の上に糸をつけ、天井から吊るせばモビールのようになります。

⚠ 絵の具のついた指を子どもが口に入れないよう注意し、見守りましょう。（P.23 参照）

0歳

丸く切ったフェルトをリンゴに見立てたあそびです

リンゴがみのった！

はる

主に育つ非認知能力
- 感性
- 手指の操作
- 達成感
- 充実感

室内

材料

- 画用紙（緑、茶）
- フェルト（赤）
- 両面テープ

準備

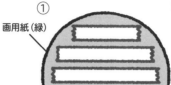
画用紙（緑）
両面テープ

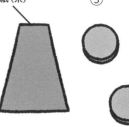
② 画用紙（茶）

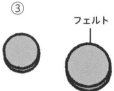
③ フェルト

① 丸く切った画用紙（緑）に両面テープをはる。
② 画用紙（茶）を木の幹の形に切る。
③ フェルトを丸く切る。

あそび方

あそびのPoint!

フェルトの柔らかい素材に親しみます。1人で歩ける子どもには、子どもの目線の高さに合わせ、壁に画用紙の木をはります。

1 丸く切ったフェルトをリンゴに見立て、子どもが画用紙（緑）にはる。

アレンジ

色を変えると

フェルトの色をオレンジにすると柿に見立てたあそびができます。季節に合わせ様々な果実に見立てあそびましょう。

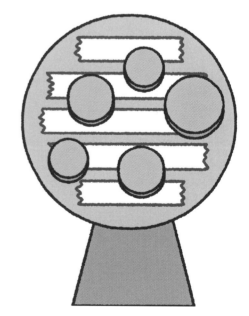

2 保育者が画用紙の木の幹とはり合わせる。

⚠ フェルトを子どもが口に入れないよう注意し、見守りましょう。（P.23 参照）

ゆび絵の具カボチャ

0歳

手や指に絵の具をつけずに絵の具であそべます

描く

主に育つ非認知能力
- 探求心
- 手指の操作
- 想像力
- 好奇心

室内

材料

- 画用紙（白）
- 絵の具（黄、オレンジ）
- ジッパーつきポリ袋
- 丸シール（白、黒、赤）

準備

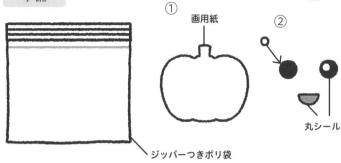

① 画用紙
② 丸シール
ジッパーつきポリ袋

① 画用紙（白）をカボチャの形に切る。
② 丸シール（白、黒）を重ね、目を作る。
　口は丸シール（赤）を半分に切る。

あそび方

あそびの Point!
指先で絵の具の感触を味わいながら、絵の具の混ざる様子を楽しめます。

1 保育者が画用紙に絵の具をチューブから3〜4か所垂らし、ジッパーつきポリ袋の中に入れる。子どもはジッパーつきポリ袋の上から指で絵の具を混ぜ合わせる。

2 保育者が画用紙を取り出して乾かし、丸シールで作った目と口をはる。

アレンジ

ハロウィン仮装グッズ

画用紙と輪ゴムで輪っかを作り、子どもが製作したカボチャをはれば、ハロウィンお面のできあがり。

0歳

製作

室内

外

あそびアイデア　野口さとこ

O歳

ティッシュペーパーやポリ袋を使って遠足気分を楽しみます

ふわふわオニギリ

丸める

主に育つ非認知能力
- 充実感
- 手指の操作
- 想像力
- 好奇心

室内

材料
- ティッシュペーパー
- ポリ袋
- 折り紙（黒）
- 丸シール（白、黒、赤）

準備

丸シール

丸シール

ティッシュペーパー

ポリ袋

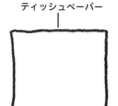

- 丸シール（白、黒）を重ね、目を作る。口は丸シール（赤）を半分に切る。

あそび方

くしゃくしゃ
しようね

あそびのPoint!
「くしゃくしゃしようね」と声をかけてうながします。子どもが丸めたティッシュペーパーを入れやすいサイズのポリ袋を選びましょう。

1 子どもがティッシュペーパーをくしゃくしゃに丸め、ポリ袋に入れる。

アレンジ

遠足に出発！

大きなバスを画用紙や模造紙で作ります。子どもが製作したオニギリや子どもの写真も一緒にはり、壁面に飾ります。

2 保育者が子どもの前で、オニギリを握るように形を整え、テープでとめる。

3 折り紙（黒）でのり、丸シールで目と口をつける。

46

0歳

落ち葉のモチーフをカラフルに仕上げます

スタンプ落ち葉

スタンプ

主に育つ非認知能力
● 達成感
● 手指の操作
● 想像力
● 気づき

室内

材料

● 乳酸菌飲料の容器
● 絵の具（茶、オレンジ、黄、赤など）
● 輪ゴム
● 綿
● ガーゼ
● 画用紙（白）

準備

① 輪ゴム
綿
乳酸菌飲料の容器
ガーゼ

② 画用紙

① 乳酸菌飲料の容器の底に綿でガーゼを包み輪ゴムでくくり、タンポにする。
② 画用紙を落ち葉の形に切る。
③ スタンプ台を用意する。

あそび方

あそびのPoint!
子どもの手でもつかみやすいタンポ。軽く押すだけで、きれいな丸の形になります。様々な色の丸を楽しめます。

1 子どもが画用紙に絵の具をつけたタンポを押す。

2 様々な色の絵の具をタンポにつけ、画用紙の形もバリエーション豊かにたくさん作る。

アレンジ

カラフル落ち葉プール

ビニール製のプールの中に、子どもの製作した落ち葉のほか、お花紙、折り紙も混ぜて入れましょう。色鮮やかなプールになります。

⚠ 画用紙の先端で子どもがけがをしないよう、とがっているところは丸くしましょう。
絵の具のついた手を子どもが口に入れないよう注意し、見守りましょう。（P.23 参照）

製作

室内

外

0歳

子どもの成長の記録を残します

手形のクリスマスツリー

手形

主に育つ非認知能力
● 感性
● 手指の操作
● 想像力
● 充実感

室内

材料

● 紙粘土
● 絵の具（緑、赤）
● 折り紙（黄）
● 木工用接着剤

準備

● 紙粘土を厚さ 1 〜 2 cm に伸ばす。

紙粘土

あそび方

1 子どもの手を紙粘土の上に乗せ、軽く押さえて手形をとる。保育者が周りを丸く切り取る。

あそびのPoint!

紙粘土のぐにゃっとした感触を楽しみます。子どもの指をやさしくゆっくり開き、指をなるべくまっすぐにして手形を押すと、きれいな形になります。

2 保育者が緑の絵の具で手形の部分を塗り、丸い模様は赤い絵の具で描く。折り紙を星の形に切り、木工用接着剤ではる。

アレンジ

オーナメントにも！

紙粘土が乾く前に、ストローで穴を開けておきます。乾いて固まったらリボンを通して結びます。クリスマスツリーのオーナメントのできあがり。

⚠ 紙粘土のついた手を子どもが口に入れないよう注意し、見守りましょう。（P.23 参照）

0歳

クリスマスをさらに盛り上げるマラカスです

サンタのマラカス

ちぎる

主に育つ非認知能力
- 感性
- 手指の操作
- 想像力
- 充実感

室内

材料

- ペットボトルの容器（350ml）
- お花紙（赤）
- 折り紙（うすだいだい色）
- ビニールテープ（白）
- 鈴
- ビーズ
- 油性ペン

準備

ペットボトルの容器（ふたつき）

① ②

折り紙（うすだいだい色）

ビニールテープ（白）

③

① 折り紙（うすだいだい色）にサンタの顔を油性ペンで描き、ペットボトルの容器にはる。
② ビニールテープ（白）をサンタの顔の上にはる。
③ ビニールテープ（白）2本分の幅でサンタの顔の下にはり、口を油性ペンで描く。

あそび方

あそびのPoint!

「どんな音が出るかな？　振ってみよう！」と声をかけます。「シャカシャカ」「リンリン」など、いろいろな音の違いを言葉にします。

1 子どもがお花紙をちぎる。

アレンジ

雪だるまにも

ペットボトルの中にティッシュペーパーを入れ、雪だるまを作ります。目は油性ペンで描き、鼻は三角に切った折り紙をはります。仕上げに緑のビニールテープを巻いてマフラーを作ります。

2 保育者がペットボトルの容器にお花紙や鈴、ビーズを入れ、ふたを閉める。ふたはビニールテープで固定する。

⚠ マラカスを振る際、ほかの子どもとぶつからないよう見守り、広いスペースであそびましょう。（P.23 参照）

製作

室内

外

O歳

折り紙に親しみながらかたい紙にも慣れます

くしゃくしゃ雪だるま

丸める

主に育つ非認知能力
- 好奇心
- 手指の操作
- 想像力
- 充実感

室内

材料

- プリンやゼリーの容器（透明または中身が透けて見えるもの）
- 紙コップ
- 7.5cm角の折り紙
- 画用紙
- 油性ペン
- のり
- テープ

準備

 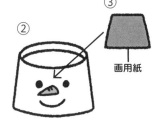

① 紙コップ

② 画用紙

③

① 紙コップを半分くらいで切る。
② 紙コップの顔に油性ペンで雪だるまの顔を描く。
③ 雪だるまの頭に、バケツの形に切った画用紙をのりではる。

あそび方

あそびのPoint!
折り紙がかたいと感じる子どもには、保育者が丸めるお手本を見せましょう。容器にうまく入れられない子どもには、保育者が容器を持って補助しましょう。

1 子どもが折り紙をくしゃくしゃに丸め容器に入れる。

2 保育者がプリンやゼリーの容器の底にテープをはり、折り紙が落ちないようにする。雪だるまの頭を乗せテープでとめる。

アレンジ

綿でふわふわ雪だるま

容器に入れる素材を綿に変えると、雪だるまが柔らかい質感になり雰囲気が変わります。

⚠ 折り紙で子どもが手などを切らないよう注意し、見守りましょう。（P.23 参照）

手形オーナメント

0歳

手形で冬のモチーフを楽しみます

手形

主に育つ非認知能力
- 充実感
- 手指の操作
- 想像力
- 意欲

材料

- 紙粘土
- 絵の具（好きな色）
- リボン
- ストロー
- 画用紙（赤）
- 綿
- 動眼シール

準備

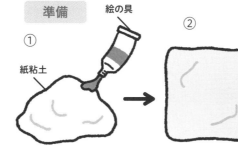

① 紙粘土に絵の具を混ぜ、こねる。
② ①を厚さ1～2cmに伸ばす。
③ 手形に飾るリボン、動眼シール、綿を用意し、画用紙（赤）を三角に切る。

あそびのPoint!

絵の具の混ざった紙粘土の色と感触を味わいながら、手形をとります。紙粘土はよくこね柔らかくして、くり抜きしやすくします。

あそび方

1 子どもの手を紙粘土の上に乗せ、軽く押さえて手形をとり、保育者が手形をナイフでくり抜く。

2 保育者は紙粘土が乾く前に、ストローで穴を開けておく。乾いて固まったら、そのままひもを通して「サンタ」や「リボンをつけたベル」のオーナメントに仕上げる。

アレンジ

手形の穴を使って

手形の穴が開いた残りの紙粘土もオーナメントに。穴をのぞき込みたくなる抜け感のある作品になります。

⚠ 紙粘土のついた手を子どもが口に入れないよう注意し、見守りましょう。（P.23 参照）

0歳
製作
室内
外

1歳

新聞紙や折り紙をくしゃくしゃに丸めて感触を楽しみます

だるまボール

丸める

主に育つ非認知能力
● 目と手の協応
● 好奇心
● 気づき
● 充実感

室内

材料

● 新聞紙
● 折り紙（赤、白）
● 丸シール（白）
● 油性ペン
● テープ

準備

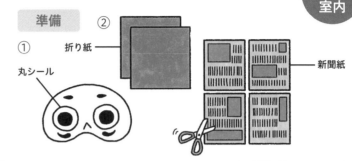

① 折り紙（白）をだるまの顔の形に切り、丸シール（白）をはる。油性ペンで目とひげ、まゆ毛を描く。
② 新聞紙や折り紙を子どもの手の大きさに合わせ切る。

あそび方

あそびのPoint!
新聞紙や折り紙の大きさは、子どもの手に合わせ小さく切って用意します。

1 子どもが新聞紙をくしゃくしゃに丸め、さらに折り紙（赤）をかぶせて丸める。

2 保育者がテープでとめ、だるまの顔をはり「福」の文字を書く。

3 子どもが転がしたり、投げたりしてあそぶ。

アレンジ

みんなでにらめっこ

保育者がだるまを顔に近づけ、「だるまさん」をうたいながら、子どもとにらめっこします。ゆっくりとしたテンポでうたいます。

1歳

クレヨンでおにのパンツを描きます

節分コロコロおに

描く

主に育つ非認知能力
● 手指の操作
● 好奇心
● 探求心
● 充実感

室内

材料

● ガムテープの紙芯
● 画用紙（赤、黄）
● ビニールテープ
● 水性ペン
● クレヨン
● のり

準備

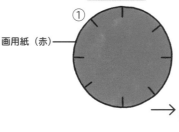

① 画用紙（赤）
② ガムテープの紙芯
③ ビニールテープ
④ 画用紙（黄）

あそび方

① 画用紙（赤）を丸く切り、ガムテープの紙芯のサイズに合わせ切り込みを入れる。
② ①で紙芯を包んでのりではる。
③ ビニールテープを②の側面に巻いてはり、おにの顔を水性ペンで描く。
④ 紙芯のサイズに合わせ画用紙（黄）を半円に切る。

1 おにのパンツ（半円に切った黄色の画用紙）に子どもがクレヨンで自由に模様を描く。

あそびのPoint!
節分には、紙芯の中に豆を入れ豆入れの箱としても使えます。

2 保育者がおにの本体にはり、転がる置き飾りのできあがり。

アレンジ

おにのおきあがりこぼし

油粘土の重しを中に入れると、おきあがりこぼしになります。油粘土はおにのパンツの裏側につけます。

1歳

製作

室内

外

53

1歳

スタンプを押すことを楽しみます

紙皿ひな祭りリース

スタンプ

室内

材料

● 紙皿
● めんぼう
● 画用紙
● 絵の具（好きな色）
● 色えんぴつ
● マスキングテープ
● ひも
● 輪ゴム

準備

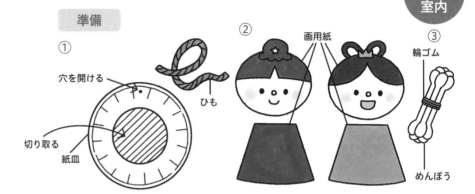

① 穴を開ける／切り取る／紙皿

② ひも／画用紙

③ 輪ゴム／めんぼう

① 紙皿の内側を丸く切り取り、穴を開ける。
② 画用紙をおびなとめびなの顔と体に分けて切り、顔を色えんぴつで描く。
③ めんぼうを3〜6本くらい輪ゴムで束ねる。
④ スタンプ台を用意する。

あそび方

あそびのPoint!
束ねためんぼうの数により、様々な模様ができます。紙皿にはるマスキングテープは和柄など作品の雰囲気に合わせます。

1 子どもがめんぼうに絵の具をつけ、おびなとめびなの着物になる画用紙にスタンプする。

アレンジ

お花紙をちぎって飾る
紙皿に両面テープをはっておき、子どもがちぎったお花紙を自由にはれるようにします。

2 保育者は紙皿におびなとめびなをはり、マスキングテープをちぎって飾りつけ、ひもを通して結ぶ。

⚠ 絵の具のついた手を子どもが口に入れたり、めんぼうで目をついたりしないよう注意し、見守りましょう。（P.23 参照）

1歳

クレヨンが絵の具をはじくことを楽しみます

紙皿タケノコ

塗る

主に育つ非認知能力
- 手指の操作
- 充実感
- 探求心
- 達成感

室内

材料

- 紙皿
- 画用紙
- クレヨン
- 絵の具
- 水性ペン

準備

① 画用紙
紙皿 〈裏〉

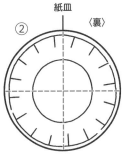

① 画用紙をタケノコ
の形に切り、水性
ペンで顔を描く。
② 紙皿の裏に十字の
切り取り線を引く。

あそび方

あそびのPoint!

紙皿の凸凹した部分に描いたり、塗ったりする感覚を楽しみます。絵の具は薄く溶きます。タケノコの顔の目は子どもが丸シールをはってもOKです。

1 子どもがクレヨンで紙皿に自由に模様を描き、次に上から水で溶いた絵の具で色を塗り、はじき絵をする。

2 乾いたら保育者が紙皿を4つに切る。

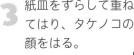

3 紙皿をずらして重ねてはり、タケノコの顔をはる。

アレンジ

タケノコ壁面

模造紙に竹林を描き、みんなのタケノコをはれば、にぎやかな壁面になります。

⚠ 絵の具のついた手を子どもが口に入れないよう注意し、見守りましょう。（P.23 参照）

1歳 絵の具に親しみながら、足形を押すことを楽しみます

ゆらゆらこいのぼり

足形

主に育つ非認知能力
- 達成感
- 好奇心
- 気づき
- 探求心

室内

材料

- 絵の具
- 画用紙
- ガーゼ
- トレー
- 紙皿
- 油性ペン

準備

① 紙皿

② ガーゼ

トレー

① 紙皿を半分に折り、えらを油性ペンで描く。
② 足形用のスタンプ台（ガーゼに絵の具を染み込ませ、トレーに置く）を用意する。

あそび方

1 子どもが画用紙に足形を押す。保育者は足形の周りを切り取る。

あそびの Point!
口先やしっぽの先をちょんと押し、ゆらゆら揺らしてあそびます。

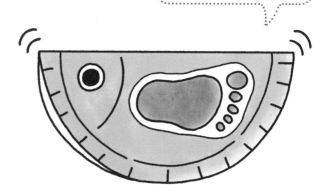

2 保育者が紙皿に画用紙の足形をはり、油性ペンでこいのぼりの顔を描く。

アレンジ

鮮やかなウロコを描く

足形をはった逆の面に、子どもがクレヨンで模様を描いたり、半分に切った丸シールをウロコに見立ててはると、彩り鮮やかになります。

⚠ 絵の具のついた手を子どもが口に入れないよう注意し、見守りましょう。（P.23 参照）

1歳

スズランテープをさく体験ができるあそびです

七夕吹き流し

さく

主に育つ非認知能力
- 手指の操作
- 想像力
- 気づき
- 充実感

室内

材料

- スズランテープ
- お花紙
- トイレットペーパーの紙芯
- 両面テープ
- ひも
- テープ

準備

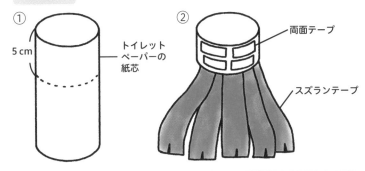

① トイレットペーパーの紙芯を5cmの幅で切る。
② スズランテープを内側からテープではり、紙芯の外側に両面テープをはる。
※スズランテープの先端だけさく。

あそび方

あそびのPoint!
スズランテープは様々な色を用意して、子どもが色選びを楽しめるようにします。

1 子どもがスズランテープをさき、お花紙をくしゃくしゃに丸める。

2 保育者が紙芯にお花紙をはり、ひもをつける。

アレンジ

おさんぽ吹き流し

長いひもを足し、子どもが手で持って歩けるようにします。

⚠ スズランテープやひもが子どもの手指や首に巻きつかないよう注意し、見守りましょう。（P.23 参照）

1歳 製作 室内 外

1歳

絵の具に親しみながら、手形とスタンプすることを楽しみます

手形カニとスタンプ

手形スタンプ

主に育つ非認知能力
● 目と手の協応
● 好奇心
● 探求心
● 達成感

室内

材料

● ガーゼ
● 輪ゴム
● 絵の具
● トレー
● 画用紙
● 折り紙
● 乳酸菌飲料の容器
● 丸シール

準備

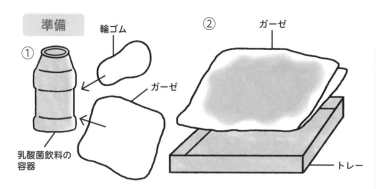

① 乳酸菌飲料の容器の底を、ガーゼで包み輪ゴムでくくる。

② 手形用のスタンプ台（ガーゼに絵の具を染み込ませ、トレーに置く）を用意する。

あそび方

1 子どもが画用紙に両手の手形を押す。保育者が手形の周りを切り取る。

あそびのPoint!
絵の具は「砂浜のイメージ」の色合いで塗ります。様々な道具や手を使って絵の具の扱いに慣れていきます。

2 子どもが画用紙に絵の具を塗り、スタンプを押す。

アレンジ

海の中の生き物に

絵の具を海の中のイメージの色合いで塗ります。子どもの手形を魚やヒトデに見立ててアレンジします。

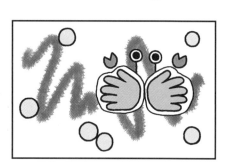

3 絵の具を塗った画用紙に保育者が手形をはり、カニの目の部分には丸シール、はさみの部分には切った折り紙をはる。

⚠ 絵の具のついた手を子どもが口に入れないよう注意し、見守りましょう。（P.23 参照）

1歳

色の混じりや変化に気づきます

ビー玉コロコロペイント

描く

空に育つ非認知能力
- 身体感覚
- 好奇心
- 手指の操作
- 充実感

室内

材料

- ビー玉
- 画用紙
- のり
- 絵の具
- 水
- クリアケース（A4）
- ひも

準備

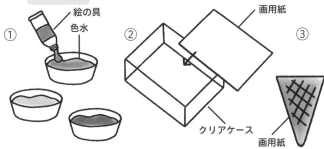

① 絵の具を溶かした色水を数種類作る。
② 画用紙をクリアケースに入れる。
③ 画用紙にアイスのコーンを描き、切る。

あそび方

あそびのPoint!
カラフルな作品にするには、色水は3〜5種類用意します。ビー玉は1個ずつ転がします。

1 保育者が絵の具のついたビー玉をクリアケースに入れ、子どもがクリアケースを手で動かして画用紙に色をつける。

2 保育者は画用紙をお祭りのヨーヨーやアイスの形に切る。アイスはのりでコーンとはり合わせる。

アレンジ

一緒にコロコロ

絵の具をつけたビー玉と画用紙をA4サイズのクリアケースに入れ、保育者と向かい合って一緒に持ち、ビー玉を転がします。

⚠ ビー玉を子どもが口に入れないようクリアケースにふたをしたり、ラップをかけたりして、転がしましょう。（P.23 参照）

1歳
製作
室内
外

1歳

水性ペンのインクがにじむ様子を楽しみます

にじみ絵かき氷

にじみ絵

主に育つ非認知能力
● 手指の操作
● 好奇心
● 探求心
● 好奇心

室内

材料

● 半紙
● コピー用紙
● 紙コップ
● 新聞紙
● 霧吹き
● 水性ペン
● のり
● テープ

準備

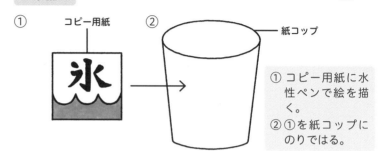

① コピー用紙

② 紙コップ

① コピー用紙に水性ペンで絵を描く。
② ①を紙コップにのりではる。

あそび方

1 子どもが半紙に水性ペンで模様を自由に描く。

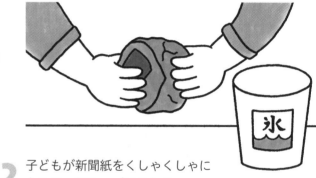

2 子どもが新聞紙をくしゃくしゃに丸めて、紙コップに入れる。

あそびのPoint!
半紙に描かれた模様や色が、霧吹きで変化する様子を子どもと楽しみます。

3 保育者が霧吹きで半紙に水をかけて水性ペンのインクをにじませてから、丸めた新聞紙の上にかぶせ、テープでとめる。

アレンジ

カラフルアイスを重ねちゃおう

子どもが水性ペンで半紙に模様を自由に描き、くしゃくしゃに丸めアイスクリームを作ります。保育者は画用紙を円すい状にしてコーンを作ります。子どもはアイスを重ねたり、崩したりするのを楽しみます。

1歳

野菜を使ってスタンプを押すことを楽しみます

やさいフラッグ

スタンプ

主に育つ非認知能力
● 気づき
● 好奇心
● 探求心
● 手指の操作

室内

材料

● 野菜（ゴーヤやレンコンなど）
● 画用紙
● 絵の具
● ひも
● 水

準備

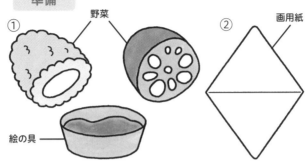

野菜

絵の具

① 野菜

② 画用紙

① 野菜を断面が出るように切る。
② 画用紙をひし形に切り、半分に折って折り筋をつける。
※先端は丸くする。

あそび方

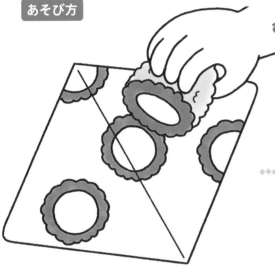

あそびのPoint!
野菜の断面や形を楽しみながら、スタンプを押します。事前に絵本などで野菜の絵を見ておくと理解が深まります。

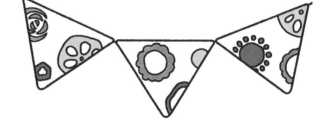

1 絵の具をつけた野菜で、子どもが画用紙にスタンプを押す。

2 保育者が画用紙を半分に折り、ひもを挟んではる。

アレンジ

フラッグ置き飾り

フラッグを紙ストローにはって手旗にしたり、トイレットペーパーの紙芯に切り込みを入れて置き飾りにしたりもできます。

⚠ 絵の具のついた野菜や手を子どもが口に入れないよう注意し、見守りましょう。また、アレルギーにも留意しましょう。（P.23 参照）

1歳

製作

室内

外

1歳

様々な素材を重ねるおもしろさを味わいます

サンドイッチづくり

重ねる

主に育つ非認知能力
● 意欲
● 好奇心
● 探求心
● 達成感

室内

材料

● スポンジ
● 折り紙（黄緑、ピンク）
● 画用紙
● のり

準備

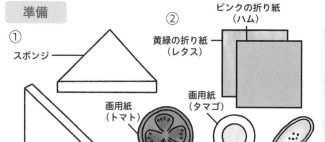

① スポンジ

② ピンクの折り紙（ハム）
黄緑の折り紙（レタス）
画用紙（タマゴ）
画用紙（トマト）
画用紙（キュウリ）

① スポンジを1〜2cmの厚さで三角形に切る。
② 画用紙を丸と楕円形に切り、トマトとタマゴとキュウリの絵を描く。

あそび方

あそびのPoint!
子どもがサンドイッチの具材を選ぶのが楽しいあそびです。サンドイッチ屋さんごっこもできます。

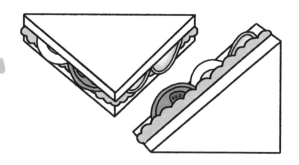

1 子どもが折り紙をくしゃくしゃにしてレタスを作る。

2 画用紙で作った具材を子どもが選び、保育者がレタスと一緒にのりをつけてスポンジに挟む。

アレンジ

異素材がたくさんのサンドイッチ

フェルトや不織布、はぎれなどに面ファスナーをつけ何度も使えるようにします。ハムやチーズ、ハンバーグなど、子どもの好きな具材を増やしましょう。

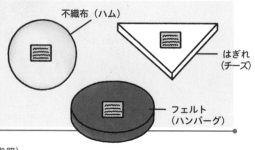

不織布（ハム）
はぎれ（チーズ）
フェルト（ハンバーグ）

⚠ 子どもが折り紙で手を切らないよう注意し、見守りましょう。（P.23 参照）

1歳

絵の具をダイナミックに塗ります

いもほりごっこ

描く

土に育つ非認知能力
- 手指の操作
- 探求心
- 達成感
- 充実感

室内

材料

- コピー用紙（A3）
- 新聞紙
- 絵の具（紫、茶）
- スズランテープ（赤）
- ガムテープ
- 布（茶）
- テープ

準備

① 新聞紙

② スズランテープ

① 新聞紙をいもの形に丸める。
② スズランテープを長く切る。

あそび方

あそびのPoint!
太筆を（はけやローラーでも可）使い、おもいきり全面を塗ります。

1 子どもがコピー用紙に絵の具を塗る。

うんとこしょ

2 保育者は絵の具を塗ったコピー用紙で新聞紙を包み、テープでとめ、いもを作る。スズランテープをいもにガムテープでしっかりとめる。大きな布をかぶせ、子どもがスズランテープをひっぱり、いもをほる。

アレンジ

どんな野菜がとれるかな

同じ作り方で色や形を変えてニンジンやダイコン、ゴボウなど種類を増やします。いろいろな野菜を収穫しましょう。

⚠ 絵の具のついた手を子どもが口に入れたり、スズランテープが子どもの手指や首に巻きついたりしないよう注意し、見守りましょう。（P.23 参照）

1歳

製作

室内

外

1歳

洗濯のりを使って、絵の具の感触をより楽しみます

ペタペタ立体キノコ

描く

主に育つ非認知能力
- 手指の操作
- 観察力
- 気づき
- 充実感

室内

材料

- 紙製のおかずカップ
- トイレットペーパーの紙芯
- 絵の具
- 洗濯のり
- 水性ペン
- 丸シール

準備

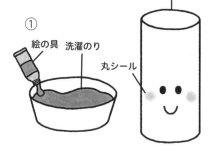

絵の具　洗濯のり

② トイレットペーパーの紙芯

丸シール

紙製のおかずカップ

① 絵の具を洗濯のりに混ぜる。

② トイレットペーパーの紙芯に水性ペンで顔を描き、ほおに丸シールをはる。

あそび方

あそびのPoint!

ねっとりした絵の具の感触、立体に指で塗る楽しさを体験します。

1 子どもが紙製のおかずカップにフィンガーペイントする。

2 保育者はおかずカップを紙芯にかぶせてはりつける。

アレンジ

キノコパーティー

キノコのカサを、くしゃくしゃに丸めた新聞紙やお花紙、紙粘土に変えてバリエーションを楽しみます。

⚠ 絵の具のついた手を子どもが口に入れないよう注意し、見守りましょう。（P.23 参照）

1歳

毛糸の感触を楽しみます
毛糸のミノムシ

はる

主に育つ非認知能力
● 創造力
● 好奇心
● 感性
● 観察力

室内

材料

● トイレットペーパーの紙芯
● 毛糸
● 画用紙
● ひも
● のり
● 水性ペン

準備

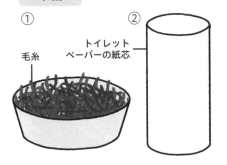

① 毛糸

トイレット
ペーパーの紙芯

②

③ 画用紙

① 毛糸を5cmくらいに切り、容器に入れる。
② トイレットペーパーの紙芯全体にのりを塗る。
③ 画用紙に水性ペンで目を描く。

あそび方

あそびのPoint!
短く切った毛糸をたくさん用意します。毛糸の中に手を入れるといい気持ち！ 毛糸の色数を増やせば独創的な作品になります。

1 子どもが切った毛糸をつかんで、のりがついた紙芯にパラパラとかける。

2 保育者が目を描いた画用紙をはり、ひもをつける。

アレンジ

カサカサミノムシ

ティッシュペーパーやお花紙、新聞紙やチラシなどをちぎってはりつけます。

⚠ 毛糸やのりのついた手を子どもが口に入れないよう注意し、見守りましょう。（P.23 参照）

1歳

製作

室内

外

1歳

クレヨンが絵の具をはじくことを楽しみます

ハロウィンバッグ

塗る

主に育つ非認知能力
- 身体感覚
- 好奇心
- 想像力
- 達成感

室内

材料

- 紙パック
- 画用紙（白、オレンジ）
- ひも
- ガムテープ（黒）
- クレヨン
- 絵の具

準備

① ② ③

ひも　ガムテープ

紙パック

画用紙（オレンジ）　画用紙（白）

① 画用紙（オレンジ）をカボチャの形に切り、クレヨンで顔を描く。
② 紙パックの周りにガムテープ（黒）をはり、ひもで持ち手をつける。
③ 画用紙（白）をキャンディーの形に切る。

あそび方

1 子どもが画用紙にクレヨンで模様を描き、水で溶いた絵の具を塗ってはじき絵をする。

あそびのPoint!
クレヨンでぐるぐる渦巻きの模様を描き、クレヨンの扱いに慣れていきます。

〈裏〉

2 保育者が紙パックにはじき絵をしたキャンディーをはる。

アレンジ

お菓子がいっぱい

子どもがティッシュペーパーを丸めます。保育者はカラーセロハンでキャンディー包みにしてお菓子を作ります。

⚠ 絵の具のついた手を子どもが口に入れないよう注意し、見守りましょう。（P.23 参照）

ペタペタ紅葉狩り

スタンプしながら色が重なるおもしろさを味わいます

1歳

スタンプ

主に育つ非認知能力
● 手指の操作
● 好奇心
● 探求心
● 充実感

室内

材料

● スポンジ
● 画用紙
● 絵の具
● アルミホイル
● クレヨン

準備

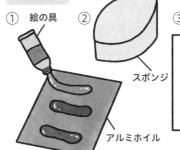

① アルミホイルに絵の具を2～3色垂らす。
② スポンジを葉の形に切る。
③ 画用紙に木の幹をクレヨンで描く。
④ スタンプ台を用意する。

あそび方

あそびの Point!
スポンジのスタンプを3～4個準備し、絵の具の色ごとに使えるようにします。

1 子どもが画用紙に自由に葉っぱのスタンプを押す。

2 絵の具は赤、黄、茶など紅葉をイメージした色を使う。

アレンジ

ひもアートぐにゃぐにゃ紅葉

画用紙に絵の具を薄めずに垂らし、ひもをぐにゃぐにゃにして乗せます。2つ折りにして、子どもがひもをゆっくりとひっぱったあとで、画用紙を開きます。

⚠ 絵の具のついた手を子どもが口に入れないよう注意し、見守りましょう。（P.23 参照）

1
歳

製作

室内

外

2歳

様々な素材で飾り、オリジナルグッズを作ります

手作りブレスレット

飾る

主に育つ非認知能力
- 創造力
- 好奇心
- 自尊心
- 達成感

室内

材料
- トイレットペーパーの紙芯
- 折り紙
- 水性ペン
- クレヨン
- 丸シール
- マスキングテープ

準備

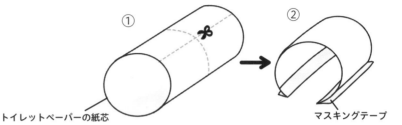

トイレットペーパーの紙芯　　マスキングテープ

① トイレットペーパーの紙芯を半分に切り、縦に切り込みを入れる。
② ふちにマスキングテープをはる。

あそび方

あそびのPoint!
素材にホイル折り紙や柄折り紙を使うとカラフルに。丸めたアルミホイルや毛糸、モールなどをはると立体感が出せます。

かわいい？

1 子どもがトイレットペーパーの紙芯を自由に飾る。折り紙や丸シールをはったり、クレヨンや水性ペンで描いたりとカラフルに。

2 製作した作品を身につける。

アレンジ

くるくる腕時計

保育者が紙芯に文字盤を描き穴を開け、割りピンを通します。割りピンにモールを巻いて針を作ります。針の先端はテープでカバーします。

2歳

地面に映る影やカラーセロハンの色を楽しみます

チョウの影あそび

はる

主に育つ非認知能力
- 気づき
- 好奇心
- 観察力
- 感性

室内 / 外

材料

- 厚紙（黒）
- カラーセロハン
- テープ

準備

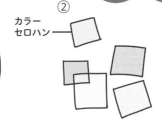

① 厚紙をチョウの輪郭の形に切りとり、裏からテープをはる。
② セロハンを大小様々な形に切る。

あそび方

あそびのPoint!
様々な色や形のセロハンを組み合わせてはることで、カラフルな影絵になります。

1 子どもがカラーセロハンをテープの上に自由にはる。

2 太陽にかざして、地面に影やカラーセロハンの色を映し出す。

アレンジ

不思議な虫メガネ

厚紙（黒）を虫メガネの形に切り、透明のセロハンをはります。中央にチョウのモチーフをはって、地面に映し出します。

⚠ 子どもが太陽を直接見ないよう注意し、見守りましょう。（P.23 参照）

2歳
製作
室内
外

カラフルテントウムシ

2歳 色の混ざり具合や変化を楽しみます

デカルコ
マニー

主に育つ非認知能力
- 手指の操作
- 好奇心
- 感性
- 達成感

室内

材料

- 画用紙（白、黒）
- 絵の具

あそびの Point!

絵の具は少量ずつ垂らして、色が混ざりすぎないようにします。画用紙を半分に折ったら、上から手で少しこすります。

準備

画用紙（白、黒）

① 画用紙を丸く切る。
② 大きいほうは半分に折り、真ん中に折り筋をつける。

あそび方

1 子どもが画用紙の片側に絵の具を薄めず垂らし、半分に折って上から押さえる。

2 画用紙を開き、乾かす。乾いたら保育者が小さい丸の画用紙（黒）を裏からはる。

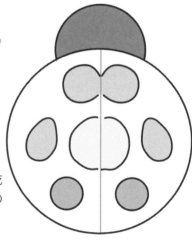

アレンジ

おもしろデカルコマニー

折るところを変え、何度もデカルコマニーします。さらに様々な色の丸シールをはっても、ユニークな作品ができあがります。

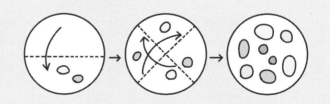

⚠ 絵の具のついた手を子どもが口に入れないよう注意し、見守りましょう。（P.23 参照）

2歳

ペットボトルのおしりでペタペタ

桜と花畑

スタンプ

主に育つ非認知能力
● 手指の操作
● 気づき
● 探求心
● 達成感

室内

材料
● ペットボトルの容器
● 画用紙
● 絵の具
● アルミホイル

準備

② 絵の具
ペットボトルの容器
①

アルミホイル

① ペットボトルの容器の底が花びらの形に見えるものを選ぶ。
② アルミホイルに絵の具を2〜3色垂らす。

あそび方

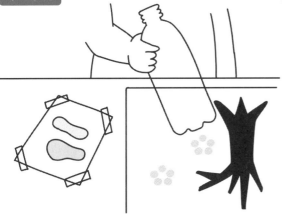

あそびのPoint!

絵の具は薄めずに、アルミホイルの上に垂らして絵の具をつけやすくします。ペットボトルの容器は、底がいろいろな形のものを用意します。

1 保育者が画用紙に木のモチーフを描き、子どもがペットボトルの容器の底に絵の具をつけて木の枝の周りにスタンプを押す。

2 桜の次は絵の具の色を変えて花畑のスタンプも押す。

アレンジ

夜桜も満開

画用紙の色を黒に変えると、夜桜のようになります。黒い画用紙だとスタンプの絵の具を、白にしてもきれいな桜になります。

2歳

製作

室内

外

⚠ 絵の具のついた手を子どもが口に入れないよう注意し、見守りましょう。（P.23 参照）

2歳

紙芯でスタンプを押し、色の重なりを楽しみます

スタンプ花火

スタンプ

主に育つ非認知能力
- 手指の操作
- 好奇心
- 探求心
- 達成感

室内

材料

- 画用紙（黒）
- トイレットペーパーの紙芯
- 絵の具
- アルミホイル

準備

① トイレットペーパーの紙芯

② 絵の具

アルミホイル

① トイレットペーパーの紙芯に切り込みを入れて開く。
② アルミホイルに絵の具を2〜3色垂らす。

あそび方

あそびのPoint!
同じところに絵の具の色を変えてスタンプを押すと、色が重なり合い繊細な色の作品になります。

1 子どもがトイレットペーパーの紙芯に絵の具をつけて、画用紙にスタンプを押す。

2 様々な絵の具の色を使って、カラフルな花火に仕上げる。

アレンジ

もっとにぎやか花火大会に！

保育者がストローに切り込みを入れて開き、小さな花火のスタンプを作ります。子どもがストローに絵の具をつけてスタンプを押します。絵の具が乾く前に、パンチで開けた丸い折り紙をパラパラとかけます。

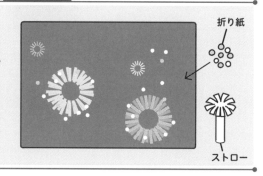

折り紙

ストロー

⚠ 絵の具のついた手を子どもが口に入れないよう注意し、見守りましょう。（P.23 参照）

2歳

ちぎった形を生かして、様々なモチーフや模様を描きます

海の生き物のれん

描く

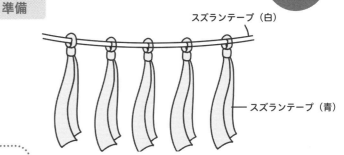

主に育つ非認知能力
● 想像力
● 好奇心
● 探求心
● 感性

室内

材料

● スズランテープ（白、青）
● 折り紙
● クレヨン
● 水性ペン
● 動眼シール
● 丸シール

準備

スズランテープ（白）

スズランテープ（青）

① スズランテープ（青）を同じ長さに切る。
② スズランテープ（白）に結ぶ。

あそびの Point!

子どもがクレヨンで様々な模様を描き、クレヨンの扱いに慣れていきます。

あそび方

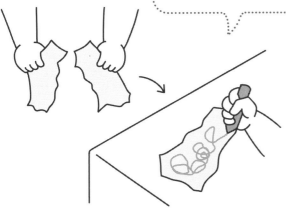

1 子どもが折り紙を破く。破いた折り紙の形を生かし、保育者と一緒にクレヨンや水性ペンで魚や模様を描く。動眼シールや丸シールをはって、できあがり。

2 保育者は入り口などにスズランテープで作ったのれんを結び、子どもの作品をはる。

アレンジ

海の中から音がする

乳酸菌飲料の容器にビーズなどを入れたマラカスや鈴を吊るします。スズランテープが揺れるとカサカサ、リンリンと音の重なりを楽しめます。

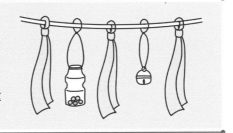

⚠ ビーズや鈴を子どもが口に入れないよう注意し、見守りましょう。（P.23 参照）

2歳

製作

室内

外

2歳

色と感触を楽しみながらスタンプを押します

アイスクリームづくり

スタンプ

材料

- 水風船
- 画用紙
- 絵の具
- クレヨン
- アルミホイル

準備

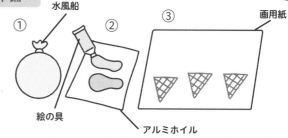

水風船

① ② ③ 画用紙

絵の具

アルミホイル

① 水風船を膨らませて結ぶ。
② アルミホイルに絵の具を2〜3色垂らす。
③ クレヨンで画用紙にアイスのコーンを描く。

あそび方

あそびの
Point!

水風船のはずむ感触や絵の
具の色の重なりを楽しみま
す。

1 子どもが水風船に絵の具をつけてコーンの
絵の上にスタンプを押す。

2 様々な絵の具の色を使って、カラフル
なアイスに仕上げる。

アレンジ

カラフルトッピング

アイスの絵の具が乾く前に、パ
ンチで開けた色紙やビーズ、ス
パンコール、毛糸などをはれば
豪華なアイスになります。

⚠ 水風船が割れないよう入れる空気の量を調節します。
絵の具のついた手を子どもが口に入れないよう注意し、見守りましょう。（P.23 参照）

海の生き物の形に親しみます

プールで魚すくい

 描く

主に育つ非認知能力
- 感性
- 意欲
- 探求心
- 達成感

室内　外

材料

- クリアファイル
- 紙パック
- 油性ペン
- ミニプール
- 水
- テープ

準備

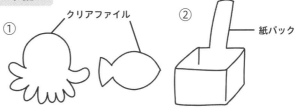

① クリアファイルを海の生き物の形に切る。
② 紙パックを底と取っ手だけ残した形に切る。

あそび方

あそびのPoint!
クリアファイルは子どもの手のひらの大きさを目安にして切ります。

1 子どもが油性ペンでクリアファイルに自由に模様を描く。保育者は模様の上からテープをはり、模様が消えないようにする。

2 保育者が水を入れたミニプールに、クリアファイルで作った魚を浮かべ、子どもは紙パックのポイで魚をすくう。

アレンジ

なかよし魚すくい

紙コップやおたま、おわんなど魚をすくうのにどれが使いやすいか試してみましょう。

⚠ クリアファイルで子どもが手を切らないよう、またプールの水を子どもが飲まないよう注意し、見守りましょう。（P.23 参照）

2歳

製作

室内

外

2歳

色や配置を意識して描きます

光る！ ソルトペイント

描く

室内

主に育つ非認知能力
● 達成感
● 好奇心
● 気づき
● 探求心

材料

- 木工用接着剤
- 塩
- 絵の具
- 水
- スポイト
- ペットボトルの容器
- 画用紙

準備

ペットボトルの容器

塩

② スポイト

色水

① ペットボトルの容器に塩を入れ、ふたに穴を開ける。
② 絵の具を溶かした色水を数種類作る。

あそびのPoint!

塩をかける際は、木工用接着剤がとれないよう少しずつかけます。できあがってから1日乾かすと塩がキラキラと光って見えます。子どもができあがりのイメージしやすいように、見本を作っておきましょう。

あそび方

1 子どもが木工用接着剤で、画用紙に自由に絵を描く。

2 木工用接着剤で描いた絵に子どもが塩を振りかける。保育者は余分な塩を落とす。

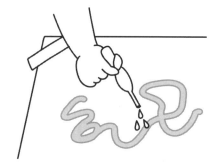

3 子どもが塩の上にスポイトで好きな色水を垂らす。

アレンジ

クレヨン＋木工用接着剤も楽しい！

子どもがクレヨンで描いた上に木工用接着剤をかけると、線や模様が立体的に浮かび上がります。いろいろな季節の行事モチーフに利用できます。

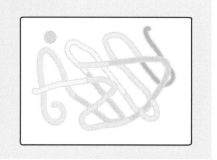

⚠ 塩で子どもの肌がかぶれる可能性があるので、肌についたらすぐに水で濡らしたタオルやハンカチで拭きましょう。（P.23 参照）

2歳

落ち葉を使った造形に挑戦します

落ち葉のドレス

はる

室内 / 外

材料

● 落ち葉
● 写真
● 画用紙
● 両面テープ

準備

① 写真

② 台紙
画用紙
両面テープ

① 子どもの写真を顔の部分だけ切り取る。
② 画用紙に両面テープを数枚はる。

あそび方

1 子どもが外で落ち葉を拾い集めます。

あそびのPoint!

落ち葉が重なり立体的な作品になります。時間が経つと落ち葉が乾燥し崩れるので、カメラで作品を撮ったり、コピー機でスキャンしたりして保存しましょう。

2 子どもが台紙の両面テープに落ち葉を自由にはります。

2歳

製作

室内

外

アレンジ

落ち葉ぬりぬり

子どもが絵の具で落ち葉に色を塗り、さらにカラフルなドレスに仕上げます。落ち葉は水をはじくので、絵の具は濃いめに溶きます。

⚠ 落ち葉を子どもが口に入れたり、絵の具のついた手を子どもが口に入れたりしないよう注意し、見守りましょう。（P.23 参照）

2歳

敬老の日のプレゼントにおすすめです

まごの手

手形

主に育つ非認知能力
● 目と手の協応
● 好奇心
● 探求心
● 達成感

室内

材料

● 紙粘土
● お花紙

準備

紙粘土

① ②

① 紙粘土を丸める。
② 子どもの手の大きさに合わせ、厚さ1〜2cmの円形に伸ばす。

あそび方

1 子どもが紙粘土に手形を押す。

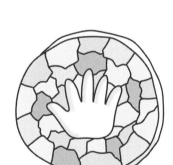

3 乾かす。

あそびの Point!

お花紙は子どもが扱いやすい大きさで用意します。

2 子どもが手形の周りに、ちぎったり丸めたりしたお花紙を埋め込む。

アレンジ

色彩豊かな紙粘土

保育者が紙粘土に水で溶かしたお花紙と絵の具を混ぜ込んだものを4〜5種類作ります。子どもはくっつけたり、叩いたりして色と感触を楽しみます。

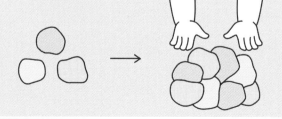

⚠ 粘土のついた手を子どもが口に入れないよう注意し、見守りましょう。（P.23 参照）

2歳

マスクを使って変身グッズを作ります

ハロウィンマスク

 描く

主に育つ非認知能力
- 感性
- 創造力
- 探求心
- 達成感

室内

材料
- マスク（布）
- 油性ペン
- 動眼シール
- 木工用接着剤
- フェルト
- 紙コップ

準備
① 木工用接着剤を紙コップに少量入れておく。
② フェルトを切っておく。

あそびのPoint!
マスクは凸凹のない平らで描きやすい布の素材を選びます。

あそび方

1 子どもが油性ペンでマスクに自由に絵を描く。

フェルト　動眼シール

2 保育者が動眼シールをはり、フェルトを木工用接着剤ではる。

アレンジ

ネコに変身！

子どもが模様を描いたマスクに、保育者がパンチで穴を開け、短く切った毛糸を通して結びます。画用紙でネコの耳のカチューシャを作り、頭につけるとネコの仮装も楽しめます。

⚠ 動眼シールを子どもが口に入れないよう注意し、見守りましょう。（P.23 参照）

2歳　製作　室内　外

79

2歳

指先の繊細な動きで集中力が養われます

キラキラドングリ

はる

主に育つ非認知能力
● 手指の操作
● 想像力
● 充実感

室内

材料

- ドングリの帽子
- ビー玉
- ボン天
- 木工用接着剤
- 鍋
- 新聞紙

準備

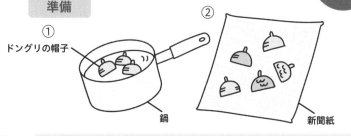

①
ドングリの帽子

鍋

②

新聞紙

あそびの Point!

ドングリの帽子に合う色や素材を探して、想像をふくらませます。

あそび方

① 鍋に水とドングリの帽子を入れ、3〜5分煮沸する。（沸騰した湯にいきなり入れると割れる）
② 煮沸後は水を切り、新聞紙の上に並べ風通しのよい場所で自然乾燥させ、製作前に木工用接着剤をつける。

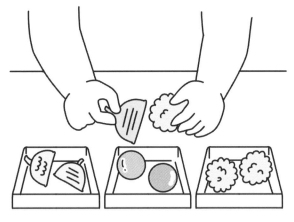

1 子どもがビー玉、ボン天などの素材を自由に選んでドングリの帽子につける。

2 色とりどりの素材で、自由に組み合わせて作る。

アレンジ

くしゃくしゃ丸めて輝く

小さく切ったホイル折り紙をくしゃくしゃに丸め、ドングリの帽子に木工用接着剤ではります。ゴツゴツした見た目でキラキラ感がアップします。

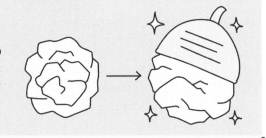

⚠ ドングリの帽子やビー玉、ボン天を子どもが鼻、口に入れないよう注意し、見守りましょう。（P.23 参照）

2歳

巻いた毛糸を服に見立てたあそびです

毛糸まきまき

巻く

主に育つ非認知能力
● 観察力
● 感性
● 探求心
● 充実感

室内

材料

● 毛糸（並太）
● 段ボール板
● 水性ペン

準備

段ボール板

① 段ボール板を動物や人形の形に切り、水性ペンで顔を描く。
② 毛糸の先端をテープで段ボール板にとめる。

毛糸

あそび方

あそびのPoint!

段ボール板のふちのギザギザで、毛糸が滑らずにしっかり巻けます。

1 子どもが段ボール板に毛糸を巻きつける。

2 巻くのに慣れたら、様々な色の毛糸を巻いてカラフルに仕上げる。

アレンジ

リボンまきまき

毛糸の代わりにリボンを巻いたり、毛糸を組み合わせて巻いても美しくなります。ボン天やシールをはって、より個性的に。

⚠ 毛糸やリボンが子どもの手指や首に巻きつかないよう注意し、見守りましょう。（P.23 参照）

2歳

製作

室内

外

2歳

身近な道具で絵の具を塗る体験をします

お絵描きツリー

描く

主に育つ非認知能力
● 手指の操作
● 創造力
● 探求心
● 達成感

室内

材料

● 歯ブラシ
● 絵の具
● 画用紙
● 丸シール

あそびの Point!
筆とは違う感触を楽しみます。絵の具は薄めずに使います。

準備

① 絵の具
② 画用紙
丸シール
歯ブラシ

① 緑系で色味の近い絵の具をそれぞれ容器に入れる。
② 画用紙を星の形に切る。

あそび方

1 子どもが歯ブラシに絵の具をつけて、画用紙に色を重ねながら塗る。

2 絵の具が乾いたら丸シールや、星をはる。

アレンジ

フォークでモミの木

フォークの先端に絵の具をつけて、細い線を複数描きます。繰り返し描くとモミの木になります。

⚠ 絵の具のついた手を子どもが口に入れないよう注意し、見守りましょう。（P.23 参照）

2歳

立体を形作る楽しさを味わいます

ペタペタ紙皿リース

はる

主に育つ非認知能力
● 想像力
● 好奇心
● 達成感
● 充実感

室内

材料

● 紙皿
● 折り紙
● 丸シール
● のり

準備

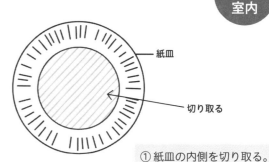

紙皿

切り取る

① 紙皿の内側を切り取る。
② 製作前に紙皿にのりを塗る。

あそび方

あそびのPoint!
紙皿の凸凹した部分にちぎった折り紙を重ねてはって、立体的にします。

1 子どもが折り紙をちぎり、紙皿にはる。

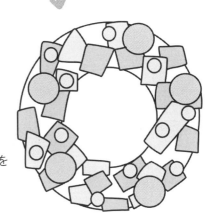

2 大小の丸シールをはる。

アレンジ

毛糸くるくるリース

保育者は絵の具で紙皿をゴールドやシルバーに塗ります。子どもが自由に毛糸を巻き、ドングリやマツボックリを木工用接着剤で飾りつけます。

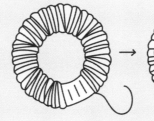 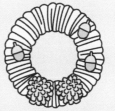

⚠ のりのついた手を子どもが口に入れないよう注意し、見守りましょう。(P.23 参照)

2歳

製作

室内

外

好奇心と感性を育む
科学あそび

大人になると当たり前のこととして見過ごしがちですが、私たちの生活はたくさんの科学現象に支えられています。そして、身の周りにある科学現象に感動したり、ワクワクしたりする経験は、子どもの感性や好奇心、探究心を育みます。ここでは、そんな「科学あそび」のヒントをご紹介しましょう。

といっても、0歳や1歳の子どもにとっては「科学あそび」は少し先のこと。この時期には、きれいな虹が出た、園庭に花が咲いた、霜柱を見つけた、雪が降ったなど、機会があれば無理のない範囲で、身近な科学現象の美しさ・不思議さを伝えましょう。

2歳を過ぎ、身の周りのことが理解できる子どもは、保育者のリードで「科学あそび」を楽しめるようになります。水遊びの前にいくつかの野菜や果物を用意し「これは浮く？　沈む？」などと問いかけ、一緒に実験をしたり、磁石のS極とN極を体感したり、それを利用して「魚つりゲーム」をしたり。慣性の法則を利用した「テーブルクロス引き」や、水の表面張力を利用した「こぼれないコップ」、テープをはった「割れない風船」など、保育者が科学の仕組みを利用した手品を見せるのもよいでしょう。

製作あそびにも「科学あそび」はあります。クレヨンで描いた上に絵の具で色を塗る「はじき絵」は、「どうしてクレヨンの上に絵の具は描けないのかな？」という疑問や、ドングリと竹ひご（あるいは紙粘土と割りばし）で作るやじろべえはバランスや重心を学ぶ教材になるでしょう。

なお、「科学あそび」では事前の準備が必要です。保育者がまず実際にやってみて、危険がないか、うまくいくかを検証してから実施してください。

2章

心と体を育む
運動あそび

保育者とのスキンシップを楽しんだり、
友達と力を合わせて体を動かしたり、
それは子どもの発達に必要な生活そのものです。
年齢ごとに粗大運動と微細運動に分け、
取り入れやすい運動あそびを多数ご紹介します。

⚠ 安全に関する注意事項 ⚠

全てのあそびは、保育者が見守る中で行うことを想定しています。以下の点や各あそびの注意事項と扱う素材や道具、あそぶ場の環境、子どもの様子をよく確かめ安全に配慮しましょう。

誤飲・誤嚥・誤食について
ビーズ、鈴、ペットボトルのふたなど小さな素材は、子どもが口の中に入れ窒息の原因になる可能性があります。保育者は道具や素材の数や場所を常に把握し安全な環境を整え、子どもの手や口の動きに注意し、見守りましょう。

ひもの巻きつきについて
スズランテープ、なわとび、ロープなど長さのあるひも状のものは、子どもの手指や首、体に強く巻きつき、ケガや窒息の原因になる可能性があります。保育者は子どもの様子を常に確かめ注意し、見守りましょう。

肌のアレルギーについて
絵の具、のり、粘土、植物など直接体に触れるものはアレルギー等に注意し、使用後は必ず手を洗う、または水で濡らしたタオルなどできれいに拭き取りましょう。

落下について
高いところからの落下は骨折など、大きな事故やけがにつながります。子どもが不意にバランスをくずさないよう、保育者は常に子どもの体を支えたり、手をつないだり注意し、見守りましょう。

運動 あそびを始める前に

運動あそびを子どもが「楽しい」と感じられるのは、それが発達段階に合うものであってこそ。0・1・2歳児の成長と発達を押さえましょう。

体の発達 　年齢が低いほど、頭の割合が大きく体は小さい

乳幼児は、頭が大きく体の重心が高い位置にあります。不安定なので、転びやすい時期です。2歳頃までに這う、座る、立つ、歩くといった初歩的な運動機能が身につきます。

心の発達 　言葉を獲得し、自我が芽生え始める

乳児は、大人の言葉や表情を感じ感情の幅を広げ、1歳を過ぎると言葉を少しずつしゃべるようになります。周囲の人への関心や興味が高まり、まねをしたり、同じものを使いたがったりします。自己主張が強くなり、思った通りにできないことへの葛藤を体験します。またイメージする力がつくことで見立てあそびやごっこあそびを発展させます。

発達の順序 　発達には順序があります

子どもの発達は、それぞれ若干の差があります。座ることができないのに立てるといった子どもがいないように、育つ過程には一定の順序があります。逆行したり、とび越すことはありません。子どもは体の発達により視野が広がり、体を動かす機会が増えることで、脳神経や筋肉、骨格の発達をうながし、興味や好奇心が生まれ、知性が育まれます。

頭部から、体の下のほうへ

（例：首すわり→座る→立つ）

中心部分から末端部分へ

（例：腕を動かす→ものをつかむ→指先でつまむ）

粗大運動から微細運動へ

（例：歩く、跳ぶなど大きな筋肉を使う運動→字を書く、ボタンをかけるなど細かい運動）

室内 あそびの環境

室内では、はだし、またはうわばきであそぶ

靴下であそぶと、すべって危険です。はだしになるか、うわばきを履きます。

保育者は壁を背にする

窓の外が見えると、子どもは気をとられてしまいます。活動の導入や、集まって話をするときは、子どもが集中できる環境を心がけます。

ボールあそびはガラス窓が近くにない場所で

風船あそびも含めて、ボールあそびをする際はスペースを確保し、周囲の環境に特に配慮します。

突き出ているものを
置かない

活動する室内に、先のとがったものは置きません。運動あそびで使う棒などは、立てかけずに床にまとめて置きます。

ものは1か所に集める

床にバラバラにものが置いてあると、活動スペースが狭くなり、つまずいて転ぶ危険があります。

高さがある遊具の下には
マットを敷く

とび箱、平均台、鉄棒など、転落の危険がある遊具の下には必ずマットを敷いて活動します。

活動する際は、
横長のスペースで

活動スペースに奥行がありすぎると、保育者の目や声が届きにくくなります。活動や集合では、一目で見渡せるよう、横長に子どもを並ばせます。

倉庫や出入り口などの
ドアはしめる

子どもが入り込みたくなる場所、見えなくなる場所など、死角は作らないようにします。

遊具は動線を考えて配置

遊具と遊具の距離や間隔は、広めに取ります。子どもがぶつからず、次の活動にスムーズに移れるように並べます。

外 あそびの環境

人数のチェックは
グループごとに

普段のグループの活動ごとに、ペアの子どもがいるかを確認すると、すばやく人数を確認できます。

太陽の方向に
保育者の顔を向ける

集合した際に、子どもの顔が太陽の方向を向くと、まぶしくて話に集中できません。太陽に背を向けるように子どもを並ばせます。

しげみにクモの巣などが
ないか確認

事前に下見をしていたとしても、数時間でクモの巣がはってしまい、その奥に入った子どもを見逃す場合もあります。あそぶ際にも、チェックします。

あそぶエリアを知らせる

花だんの中や植木など、入ってはいけないところ、取ってはいけない草木などは、事前に子どもへ伝えておきます。

保育者は見通しの良い
場所に立つ

あそびを見守る際、保育者は1人で全体を見渡せる場所にいます。子どもにも、保育者がいる場所を伝えておきます。

園庭の砂場は日光消毒する

あそぶ前に、ゴミやケガの原因になるものがないかチェックします。また定期的に掘り返して日光消毒をします。

遊具の破損や
濡れを確認

濡れていると、すべったり転落したりする恐れがあります。拭いてからあそびます。また、遊具が壊れていないかも、あそぶ前に確認します。

こまめに休憩をする

特に暑い時期にはこまめに休憩の時間をとり、水分補給をします。気温の高い時間帯の戸外での活動は避け、午前や夕方の時間を利用します。

0歳 前半

鏡を使ってスキンシップを深めます

鏡でこんにちは！

1人〜

粗大運動 あそび / 室内

準備

● 全身鏡、または大きめの鏡（飛散防止効果のあるもの）

あそび方

鏡を子どもの目線の高さに合わせ、箱や台、布テープで固定する。保育者は鏡の前で子どもと一緒に腹ばいになり、鏡に映った姿を一緒に楽しむ。

あそびのPoint!

保育者は鏡越しに笑顔で手を振ったり、声をかけたり、子どもの反応に合わせましょう。

アレンジ

鏡の世界であそぶ

花や動物、フルーツなどを画用紙に描き、テープで鏡にはって飾ります。鏡に映った子どもが花などに囲まれている気分になります。

リンリン腕振り

0歳 前半

物や音への興味を広げ腕の動きをうながします

1人~

主に育つ非認知能力
● 感性
● 好奇心
● 気づき
● 信頼感

粗大運動 あそび ／ 室内

準備

リストラトルまたはリストバンドにひもで鈴を結ぶ。

あそび方

リストラトルを子どもの腕につけ、腕をやさしくつかんで軽く振り音を鳴らし、そして「いい音したね」と声をかける。

あそびのPoint!
音が鳴るのを楽しみ、自分から動かす気持ちを育てます。

いい音したね

⚠ 鈴がはずれると誤飲の恐れがあります。鈴を結ぶ際はとれないよう注意し、見守りましょう。（P.85参照）

アレンジ

ひらひら、シャカシャカ

短く切ったスズランテープをリストラトルに数本結び、ひらひらした見た目とシャカシャカ鳴る音を楽しみます。

布でかくれんぼ

0歳 前半

布1枚で楽しめるふれあいあそびです

1人~

主に育つ非認知能力
● 充実感
● 好奇心
● 気づき
● 信頼感

粗大運動 あそび ／ 室内

準備

● 大きな布

あそび方

あそびのPoint!
子どもの反応に合わせ、布を少しひいたり、持ち上げたり子どもが楽しんでいるか表情を確かめます。

いない いない

ばあ

1 保育者が布を広げ、子どもの頭からふわりとかける。

2 子どもが手で布をとる動きに合わせて「いないいないばあ」と声をかける。

⚠ 布が顔にまとわりつかないよう注意し、見守りましょう。（P.85参照）

アレンジ

大きい穴、小さい穴

子どもに布をかけた際、お互いの顔が見えるよう大小の穴を開けます。

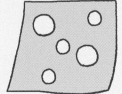
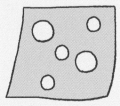

0歳

運動

室内

0歳 前半

アイコンタクトをとりながら笑顔であそびます

おなかピッタンコ

1人〜

主に育つ非認知能力
- 充実感
- 好奇心
- 気づき
- 信頼感

粗大運動 あそび / 室内

準備

● 枕またはクッション

あそび方

1 保育者が枕を敷きあおむけになり、おなかの上に子どもをうつぶせで乗せる。子どもとアイコンタクトをとりながら話す。

あそびの Point!

保育者は表情豊かに、子どもに語りかけます。おむつ交換やお昼寝のあとなど、子どもの機嫌がよいときにあそびます。

2 子どもが慣れてきたら、背中をやさしくトントンする。

アレンジ

横向いてちょん

子どもを横向きにして、姿勢の変化や保育者とのやりとりを楽しみます。

0歳 前半

鏡に映る姿や音を楽しみ、寝返りを経験します

寝返りチャレンジ

1人〜

主に育つ非認知能力
- 観察力
- 好奇心
- 気づき
- 信頼感

粗大運動 あそび / 室内

準備

- 鏡（飛散防止効果のあるもの）
- 鈴や音の鳴るおもちゃ

あそび方

子どもが鏡に映った姿に興味をもって寝返りするよう、あおむけから音の出るおもちゃで鏡のあるほうへ誘導する。

あそびのPoint!
子どもの体の動きに合わせ、寝返りの補助をします。

0歳 前半

はいはいの動きをうながします

キックで鳴らそう

1人〜

主に育つ非認知能力
- 身体感覚
- 好奇心
- 気づき
- 信頼感

粗大運動 あそび / 室内

準備

- 音の鳴るおもちゃ

あそび方

保育者が子どもの足の動きに合わせ床におもちゃを置き、子どもがキックして音を鳴らす。

あそびのPoint!
何度か繰り返し、自分から動く気持ちを育てます。

キック

アレンジ

素材を変えて

くしゃくしゃに丸めた新聞紙など軽い素材に変えます。様々な素材の感触をキックで楽しみます。

0歳

運動

室内

0歳 前半

保育者とふれあいながら活発に体を動かします

ぷにぷに立っち

1人~

主に育つ非認知能力
- 充実感
- 好奇心
- 気づき
- 信頼感

粗大運動あそび / 室内

準備

● 気泡緩衝材

あそび方

子どもと向かい合わせになり、保育者は座る。子どもを両脇の下で支え、気泡緩衝材の上でゆっくりと前後左右に揺らす。

あそびの Point!

気泡緩衝材を敷き、足裏でぷにぷにした感触を楽しみながら、かかとを上下に動かせるよううながします。

アレンジ

ふかふかゴロン

大きめの気泡緩衝材の上であおむけやうつぶせになり、全身でぷにぷにした感触を楽しみます。

0歳 前半

足を曲げたり伸ばしたりする動きを楽しみます

ボードにキック

1人～

あそびアイデア ふじこ先生

主に育つ非認知能力
- 身体感覚
- 好奇心
- 気づき
- 信頼感

粗大運動 あそび / 室内

準備

- トレー
- ティッシュペーパー

あそび方

保育者はトレーにくしゃくしゃに丸めたティッシュペーパーをテープではる。子どもはあおむけに寝てトレーをキックする。

あそびの Point!

ティッシュペーパーの柔らかい感触やカサカサする音をキックで楽しみます。

0 歳

運動

室内

アレンジ

毛糸まきまきをキック

トレーに毛糸を巻いて、子どもがキックします。毛糸の巻き方をランダムにして凸凹を作るとキックするたびに違う感触が味わえます。

93

0歳 前半

自然に手が前に出る、子どもの動きたい気持ちを育てます

布をぎゅっ！

1人～

主に育つ非認知能力
- 身体感覚
- 好奇心
- 気づき
- 信頼感

微細運動 あそび ／ 室内

準備

● 布またはタオル

あそび方

保育者は広げた布を子どもに見せながら、ゆっくりと近づける。子どもが布をつかんだら、「ぎゅっとできたね」とほほえむ。

ぎゅっとできたね

あそびの Point!
布に親しみながら、保育者とのふれあいを楽しみます。

アレンジ

取れるかな？

音が鳴るおもちゃを子どもから少し離れたところに置きます。子どもがはいはいして取りにくるよう、音を鳴らし誘います。

0歳 前半

絵本への興味を広げ、指先の動きをうながします

さわる めくる たてる

1人~

主に育つ非認知能力
● 観察力
● 好奇心
● 気づき
● 信頼感

微細運動あそび / 室内

準備
● 絵本（角が丸く厚いもの）

あそびのPoint!
保育者が絵本を読みながらゆっくりと絵本をめくり、「次はどんな絵かな？」と声をかけ子どもの意欲を引き出します。

0歳

あそび方

次はどんな絵かな？

1 保育者が子どもの目の前で絵本を開いて床に置き、子どもが触りやすいようにする。

2 絵本を開いて立て、子どもが手を伸ばしやすくします。

アレンジ

感触を楽しむ

布やビニールの素材で感触が楽しめたり、触ると音が鳴ったりする仕掛けで絵本への興味を膨らませます。

0歳 前半

手や指先を使って握る体験をします

ハンカチスティック

1人~

主に育つ非認知能力
● 手指の操作
● 好奇心
● 探求心
● 気づき

微細運動あそび / 室内

運動

室内

外

準備
● ハンカチ
● 輪ゴム

あそびのPoint!
子どもの手に合わせハンカチの巻く太さを調節し、握りやすくします。

あそび方

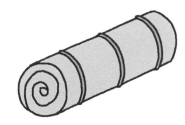

にぎにぎ

1 ハンカチを巻いて輪ゴムでとめる。

2 保育者がスティックを握って見本を見せ、子どもの前に差し出し、子どもの握る動きをうながす。

アレンジ

音と感触をプラス

ハンカチに気泡緩衝材を一緒に巻き、握った際にガサガサする音や柔らかい感触をプラスします。

⚠ ゴムがはずれると誤飲の可能性があります。ゴムを結ぶ際はとれないよう注意し、見守りましょう。（P.85 参照）

0歳 前半

ゆらゆら動く変化や音への興味を広げます

ゆらキラ輪っか

1人~

主に育つ非認知能力
- 手指の操作
- 好奇心
- 探求心
- 気づき

微細運動あそび / 室内

準備

- ホース（透明）
- ビニールテープ
- セロハン
- お花紙
- 丸棒
- ひも

あそびの Point!

子どもの興味を引くように、ゆっくりと揺らしながら触れる距離に近づけます。

あそび方

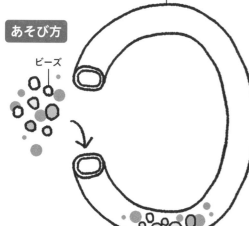

ホース

ビーズ

1 丸めたセロハンやお花紙をホースに入れたあと、輪っかにしてビニールテープでしっかりとめる。

2 輪っかをひもで丸棒に結び、あおむけに寝た子どもの上でゆらゆら揺らす。

アレンジ

いろいろゆらゆら

カプセルトイの容器やゴムボール、小さなぬいぐるみなども丸棒に一緒に吊るし、揺れる動きを楽しみながら保育者とのふれあいを楽しみます。

⚠ 子どもの顔の上などに落ちないよう、子どもがひっぱってもはずれないくらいしっかり丸棒に結びましょう。（P.85 参照）

あそびアイデア ふじこ先生

お手てつんつん

0歳 前半 リズミカルな言葉や動きのふれあいを楽しみます

1人〜

主に育つ非認知能力
● 充実感
● 好奇心
● 気づき
● 信頼感

微細運動あそび / 室内

あそび方
保育者と子どもが向かい合って座り、子どもの手をとり、「お手てつんつん」と言いながら、手のひらや甲などを指先で触る。

あそびのPoint!
子どもの反応に合わせ、手の触れる場所を変えます。声は明るくリズミカルにします。

アレンジ
エイエイオー！
子どもの手から腕に持ち替え、「エイエイオー！」と声をかけながら、やさしくゆっくりと腕を上げて下ろします。

0歳

運動

室内

外

あそびアイデア ふじこ先生

ぷにぷにタッチ

0歳 前半 全身を使って探索しながら、いろいろな感触を楽しみます

1人〜

主に育つ非認知能力
● 身体感覚
● 好奇心
● 気づき
● 探求心

微細運動あそび / 室内

準備
● ジッパーつきポリ袋
● ボン天　● 洗濯のり
● 短く切ったストロー
　（2〜3cm）
● 水
● スパンコール
● ビニールテープ

あそびのPoint!
いろいろな素材に触れ、水の冷たさや感触を楽しみながら、はいはいをします。

あそび方
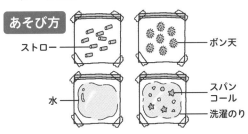
ストロー／ボン天／水／スパンコール／洗濯のり

アレンジ
おなかや足で
子どもをポリ袋の上でうつぶせにし、おなかや足でも素材の感触を楽しませます。

1 保育者はジッパーつきポリ袋に水、ボン天、短く切ったストロー、洗濯のりとスパンコールをそれぞれ入れ、口をビニールテープでとめる。

2 それぞれの素材が入ったポリ袋をビニールテープで床に固定して、子どもを手の届く場所でうつぶせにする。

⚠ 中身の誤飲を防ぐため、丈夫な袋を利用したり、袋を2重にしたりします。（P.85参照）

97

0歳
前半

指先を使って物への興味を広げます

大きいそろばん

1人〜

主に育つ非認知能力
● 身体感覚
● 好奇心
● 気づき
● 信頼感

微細運動
あそび

室内

準備

● 段ボール板
● ひも
● 大きいビーズ（5〜10個）

あそび方

段ボール板に穴を開け、ひもの両方を結びビーズを通す。子どもが指先でビーズを左右に動かす。

あそびの
Point!

保育者は、「カチカチ音がするね」と声をかけたり、手本を見せたりして子どもの興味を引き出します。ビーズの色はカラフルにしましょう。

アレンジ

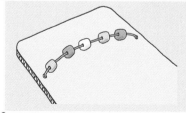

スポンジ棒で

スポンジ棒を輪切りにし、ひもに通します。大きく軽いので、子どもの手でもつかみやすく動かしやすいです。

⚠ ビーズがはずれると誤飲の可能性があります。ビーズをつける際はとれないよう注意し、見守りましょう。（P.85参照）

0歳 前半

保育者とリズミカルにふれあいながら音への興味を広げます

ポリ袋deマラカス

1人~

主に育つ非認知能力
- 感性
- 好奇心
- 探求心
- 信頼感

微細運動 あそび　室内

準備

- ポリ袋
- ビーズ
- 短く切ったストロー
- テープ

あそびの Point!

子どもの興味を引くよう音を鳴らします。リズミカルに振ったり、小刻みに振ったりと工夫します。

あそび方

1 ポリ袋にビーズや短く切ったストローを入れ、テープでしっかりとめてマラカスを作る。

 音がするね

2 子どもと向かい合って座り、保育者はマラカスを振って見本を見せながら「音がするね」と声をかけ、子どもにマラカスを手渡す。

アレンジ

両手でも振ってみよう

子どもが両手で抱えて持てるような大きさのポリ袋でマラカスを作ります。音を全身で感じられます。

⚠ ポリ袋が開くと誤飲の可能性があります。中身がこぼれないよう、しっかりとテープでとめ、見守りましょう。（P.85 参照）

0歳

運動

室内

外

0歳
後半

ボールが転がる様子や保育者とのやりとりを楽しみます

ボールにぎにぎポーン

1人~

主に育つ非認知能力
● 身体感覚
● 好奇心
● 手指の操作
● 信頼感

粗大運動
あそび / 室内

準備

● 乳児用ボール

あそび方

あそびのPoint!
穴に指をひっかけられるので、子どもも転がしたり投げたりできます。

コロコロ〜

にぎにぎ

1 保育者は「コロコロ〜」と声をかけながら、ボールを転がしてみせる。

2 子どもはボールをつかんだり、握ったり自由にあそぶ。

アレンジ

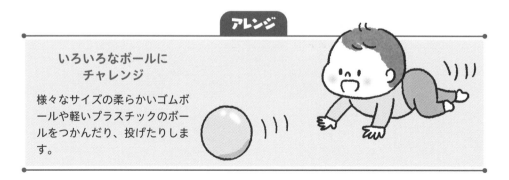

いろいろなボールにチャレンジ

様々なサイズの柔らかいゴムボールや軽いプラスチックのボールをつかんだり、投げたりします。

⚠ 子どもの口に入るサイズのボールは誤飲の可能性があります。子どもの口よりも大きなサイズを選びましょう。（P.85 参照）

0歳 後半

押し歩きを楽しみます

郵便屋さんごっこ

 1人～

主に育つ非認知能力
● 充実感
● 好奇心
● 探求心
● 信頼感

粗大運動 あそび / 室内

準備

● 段ボール箱
● おもちゃ
● ぬいぐるみ
● ビニールテープ

あそび方

保育者は段ボール箱におもちゃやぬいぐるみを乗せ、子どもが郵便屋さんになって保育者のほうへ段ボール箱を押しながら歩きます。

あそびのPoint!
保育者は、「ゆうびんやさーん」と声をかけ、おもちゃを取り出したり、乗せたりします。

アレンジ

風船屋さんに変身

様々な色の風船を段ボール箱に入れ、山積みにします。子どもが押すたびに、ふわふわこぼれ落ちるのが楽しいあそびです。

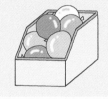

⚠ 子どもがけがをしないように段ボール箱のふちには、ビニールテープをはりましょう。（P.85 参照）

0歳 後半

全身を使ってあそび、達成感を味わいます

はいはいトンネル

 1人～

主に育つ非認知能力
● 身体感覚
● 好奇心
● 探求心
● 達成感

粗大運動 あそび / 室内

準備

● 段ボール箱（大）
● ビニールテープ

あそび方

段ボール箱の上下のふたを開けて、トンネルを作る。子どもはトンネルをくぐる。

あそびのPoint!
保育者は段ボール箱を出口で支え、子どもを笑顔で迎えます。

アレンジ

フープくぐり

保育者はフープにスズランテープをはり、床で支えます。子どもはフープをくぐります。

⚠ 子どもがけがをしないよう段ボール箱のふちには、ビニールテープをはりましょう。（P.85 参照）

0歳

運動

室内

外

ころころボール

0歳 後半

ボールをつかむ、運ぶ、転がすなど全身を使って動きます

1人~

主に育つ非認知能力
● 身体感覚
● 好奇心
● 探求心
● 達成感

粗大運動 あそび / 室内

準備

● 穴を開けた段ボール箱（中に段ボール板で傾斜を作る）
● ゴムボール

あそび方

1 子どもが段ボール箱の上の穴からゴムボールを入れる。

あそびの Point!

転がったボールを拾うことが、子どもの歩くきっかけになります。また目的を達成する喜びも味わえます。

2 箱の下の穴から転がって出てきたボールを拾い、また上の穴からゴムボールを入れるのを繰り返す。

アレンジ

動物にエサをあげよう

段ボール箱の上の穴に動物の顔を描きます。ゴムボールを動物のエサに見立て、動物にエサをやる見立てあそびになります。

0歳 後半

はいはいでバランスを保つあそびです

バスタオルでバスごっこ

1人~

主に育つ非認知能力
- 充実感
- 好奇心
- 探求心
- 信頼感

粗大運動あそび / 室内

準備

- バスタオル

あそび方

バスタオルを床に敷き、その上に子どもは腹ばいになる。保育者は「いくよー」と声をかけてから、バスタオルの端を持ってゆっくりひっぱる。

あそびのPoint!
バスタオルをひっぱる速度を徐々に速くしたり、緩やかに曲がったりと、動きを工夫します。

いくよー

アレンジ

おもちゃを乗せて

バスタオルにぬいぐるみを乗せてひっぱり、子どもが追うあそびです。

⚠ バスタオルに座ると後ろに倒れる危険があるので、腹ばいの姿勢で行いましょう。（P.85〜87 参照）

0歳 後半

空間を意識し体がぶつからないようにくぐります

クモの巣くぐり

1人~

主に育つ非認知能力
- 身体感覚
- 好奇心
- 気づき
- 観察力

粗大運動あそび / 室内

準備

- スズランテープ
- マスキングテープ

あそび方

スズランテープを部屋のコーナーや入り口に交差させてはる。子どもがスズランテープをはいはいでくぐり抜ける。

あそびのPoint!
保育者が見本を見せながら、子どもがスズランテープをくぐるよううながします。

アレンジ

クモの巣の片付け

はったスズランテープを子どもがはがします。

⚠ スズランテープが子どもの首に巻きつかないよう注意しましょう。
簡単にとれるマスキングテープでスズランテープをはりましょう。（P.85 参照）

0歳

運動

室内

外

0歳 後半

手を使ってはる体験をします

ペタペタボール

1人〜

主に育つ非認知能力
● 想像力
● 好奇心
● 探求心
● 観察力

粗大運動 あそび / 室内

準備

● フープ
● 粘着テープ（透明）
● ゴムボールやカプセルトイの容器

あそび方

あそびの Point!
ゴムボールは様々な色で複数あるとよいでしょう。1つでもはったり、はがしたりを繰り返して楽しめます。

1 フープの全面にテープをはる。子どもが粘着面にボールを落とし、はりつくことを楽しむ。

2 子どもの発達に合わせ、フープを立ててもOK。

アレンジ

投げるのに挑戦

フープを子どもの投げやすいところで支えます。子どもはフープに向かって投げます。ボールがくっつくと空中で止まったように見えるでしょう。

0歳 後半

全身を使った大きな動きを楽しみます

マットの山登り

1人~

主に育つ非認知能力
- 身体感覚
- 好奇心
- 探求心
- 達成感

粗大運動あそび / 室内

準備

- マット
- 大型積み木

あそび方

マットの下に大型積み木を入れ、山のように高さを出す。子どもはマットの山をはいはいで登る。

あそびのPoint!
子どもの発達に合わせ山の高さを調節します。最初は低く、徐々に高くします。

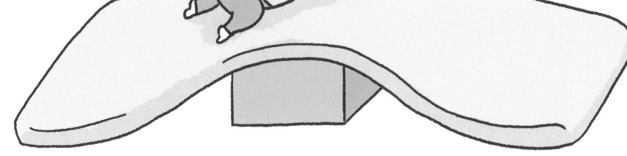

0歳

運動

室内

外

アレンジ

いろいろな動きをプラス

保育者は四つ這いになり、トンネルを作ります。子どもははいはいでトンネルを通ります。さらにマットを敷き、転がれるようにもします。

ゴロン

⚠ 「マットの山登り」では、子どもがマットから落ちないよう保育者が隣でサポートしましょう。（P.85 ～ 87 参照）

ジャラジャラ

0歳 後半

チェーンの動きや音を楽しむあそびです

1人〜

主に育つ非認知能力
● 充実感
● 好奇心
● 手指の操作
● 観察力

微細運動 あそび ／ 室内

準備

● ミルク缶
● プラスチックのチェーン
● 輪っか
● ビニールテープ

あそび方

あそびのPoint!
チェーンを取り出す際、ジャラジャラと音が鳴り輪っかの部分が穴にひっかかり、取り出せません。

1 はずしたミルク缶のふたに穴を開け、チェーンを通し、片方に輪っかをつなげふたを閉じる。穴から取り出したチェーンのもう片方に輪っかをつなげる。

2 子どもが缶に手を入れてチェーンを出す。

アレンジ

何色が出るかな？

ミルク缶のふたに、シリコン製の排水口カバーをはり、中が見えないようにします。様々な色のボールを入れ何色のボールをつかめるかを楽しむあそびです。

⚠ ミルク缶が倒れないよう保育者が押さえ、取り出しやすくしましょう。（P.85 〜 87 参照）

O歳 後半

指先を使い見え隠れする動きを楽しみます

ジッパーでこんにちは

1人〜

主に育つ非認知能力
● 手指の操作
● 好奇心
● 探求心
● 観察力

微細運動
あそび

室内

準備

● 布
● ジッパー
● 絵を描いた画用紙
● ビニールテープ

あそび方

布にジッパーを縫いつけ、ベビーサークルや壁にビニールテープで固定し、絵を描いた画用紙を入れる。子どもはジッパーを開く。

あそびの
Point!
ジッパーのつかむ部分は大きくし、子どもが動かしやすいようにします。

アレンジ

ジッパーの中には

ジッパーを横に縫いつけて、中に小さなぬいぐるみを入れます。子どもがジッパーを開けて取り出せるようにします。

⚠ ジッパーに指を子どもが挟まないよう注意し、見守りましょう。（P.85 参照）

O歳 後半

重ねたり倒したりする動きの変化を楽しむあそびです

紙コップトイ

1人〜

主に育つ非認知能力
● 達成感
● 好奇心
● 手指の操作
● 観察力

微細運動
あそび

室内

準備

● 紙コップ
● マスキングテープ

あそびの
Point!
初めは子どもが重ねやすいように、低い高さで作りましょう。

アレンジ

重ねるとグラグラ

紙コップの中にティッシュペーパーを詰めテープでとめ、重ねた際紙コップが倒れやすくします。

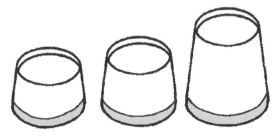

あそび方

３つの紙コップの高さを変えて切り、切ったふちをマスキングテープで保護する。子どもは底がついているほうを上に重ねる。

0歳

運動

室内

外

いたずらティッシュ

0歳 後半

ひっぱると出てくる変化を楽しみます

1人〜

主に育つ非認知能力
● 手指の操作
● 好奇心
● 探求心
● 観察力

微細運動あそび / 室内

準備

● ウェットティッシュのケースとふた
● 布（ハンカチなど）

あそび方

結んでつなげた布をウェットティッシュのケースの中に入れてふたを閉じます。子どもはふたを開けて、布をひっぱり出します。

あそびのPoint!
布は長めにつなげ、子どもが十分にひっぱれるようにします。ふたの開け閉めも楽しめます。

いっぱい出てくるね

アレンジ

スポンジ宝探し

丸や三角に切ったスポンジをケースの中に入れます。取り出すたびに様々な形と感触を楽しめます。

0歳 後半

穴に落とすのを楽しみます

ぽっとんホース

1人〜

微細運動 あそび / 室内

準備

● ミルク缶
● ホース（3〜6cm）

あそび方

ホースを様々な長さに切り、ミルク缶に穴を開ける。子どもは穴にホースを落とす。ホースが穴に落ちた音を楽しむ。

あそびのPoint!

ホースの長さにより、穴に入る難易度が変わります。保育者は穴に入れやすい短いホースで見本を見せます。

アレンジ

穴の数を増やす

穴の数や形を変えると、ホースが穴に入る様子も楽しめます。

⚠ 子どもの口に入るサイズのホースは誤飲の可能性があります。子どもの口よりも大きなサイズに切りましょう。（P.85 参照）

0歳 後半頃

指先でひっぱると伸びるのがおもしろいあそびです

のびのびイモムシ

1人〜

微細運動 あそび / 室内

準備

● 大きなビーズ
● 段ボール板
● 平ゴム

あそびのPoint!

段ボール板にイモムシの絵を描き、保育者が伸ばすところを見せ子どもの興味を引きます。

あそび方

ビーズを平ゴムに通し穴を開けた段ボール板に結ぶ。子どもは指先で平ゴムをひっぱったり、ビーズをつまんだりする。

アレンジ

1つに集中

ビーズをあえて1つにし、指先でつまむ場所をわかりやすくします。

⚠ ビーズがはずれると誤飲の可能性があります。ビーズをつける際はとれないよう注意し、見守りましょう。（P.85 参照）

0歳 後半

様々な素材をタッチして感触を味わいます

ふわふわざらざら

1人〜

主に育つ非認知能力
● 観察力
● 好奇心
● 気づき
● 手指の操作

微細運動 あそび / 室内

準備

● コルクシート
● 気泡緩衝材
● 布（タオル地、綿、裏地など）
● お花紙
● 段ボール板

あそび方

コルクシート、気泡緩衝材、布、お花紙を
はった段ボール板を保育者が子どもの前に
立て、手で支える。壁に立て掛けてもよい。
子どもは自由に素材を触ってあそぶ。

あそびの Point!

保育者は、「どれをタッチ
しようかな」と声をかけた
り、手本を見せたりして子
どもの意欲を引き出します。

どれをタッチ
しようかな

アレンジ

自分で探してタッチ

段ボール板にウェットティッシ
ュのふたから布が出るようには
り、子どもがふたを開けて布を
出して触ります。オーガンジー
など軽い素材の布がふわりと浮
くとあそびが広がります。

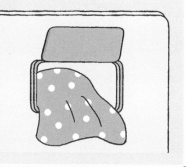

0歳 後半

手や指先を使ってスライムを触る体験をします

汚れないスライム

1人〜

主に育つ非認知能力
- 手指の操作
- 好奇心
- 気づき
- 観察力

微細運動 あそび / 室内

準備

- ジッパーつきポリ袋
- スライム
- ビニールテープ

あそび方

1 ジッパーつきポリ袋にスライムを入れて閉じ、ビニールテープでしっかりとめる。

あそびのPoint!
スライムが様々な形に変化する様子をゆっくりと観察します。

2 子どもはポリ袋の上から押したり、握ったりしてスライムのぷにぷにした感触を楽しむ。

アレンジ

大きいスライム

大きなポリ袋で、子どもがスライムの上に寝転がり、全身でスライムを楽しめるようにします。

⚠ スライムが髪の毛や皮膚につかないよう注意し、見守りましょう。（P.85 参照）

0歳 後半

探したり、見つけたりすることを楽しみます

おもちゃを助け出せ！

1人〜

主に育つ非認知能力
- 身体感覚
- 好奇心
- 探求心
- 気づき

微細運動 あそび / 室内

準備

- 段ボール箱
- 平ゴムまたはひも
- おもちゃ
- ぬいぐるみ

あそびのPoint!
最初に保育者が「いま助けるよー」と言いながら、箱からおもちゃやぬいぐるみを取り出し、子どもの興味を引きます。ゴムをはる間隔はおもちゃのサイズに合わせます。

あそび方

保育者が段ボール箱におもちゃやぬいぐるみを入れ、上に平ゴムを数本はる。子どもは平ゴムをよけながら、おもちゃやぬいぐるみを取り出す。

アレンジ

助け出せるかな？

平ゴムを縦横に組み合わせて結びます。おもちゃを取り出せる間隔は空けておきます。

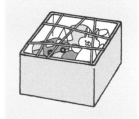

0歳

運動

室内

外

1歳前半

保育者への親しみや関わりが深められます

2人でおしり歩き

1人～

主に育つ非認知能力
- 信頼感
- 共感性
- 身体感覚

粗大運動 あそび / 室内

準備

- 保育者は床の上に両足を伸ばして座り、足の間または、ももの上に子どもを座らせる。
- 子どもの両脇（または両足のつけ根）に手を添える。

あそび方

保育者は骨盤を引き上げるイメージで、左右のおしりを交互に動かし前に進む。子どもは体全体で前に進むのを感じながら保育者と同じ動きをまねして楽しむ。

あそびのPoint!
保育者は「おしりで歩きますよ」と声をかけてから、一緒に動きます。音楽に合わせてリズムよく進むと、より楽しめるでしょう。

よいしょ
よいしょ

アレンジ

おしりで回る

保育者のあぐらを組んだ足の上に子どもが座ります。保育者が「くるくる～」と言いながら、おしりを軸に片方の手で床を押し、ゆっくりと回転します。

1歳 前半

保育者とのふれあいを体全体で感じられます

抱っこde逆さま

1人~

主に育つ非認知能力
● 信頼感
● 共感性
● 身体感覚
● 好奇心

粗大運動あそび　室内

準備

● 保育者は子どもを抱きかかえ、利き手でおしりを包み込み、もう一方の手を首元に添え、体を密着させて立つ。

あそびのPoint!
保育者とふれあいながら視界の変化を楽しみます。

あそび方

保育者はおじぎをするように頭を下げ、ゆっくり戻す。（子どもの目線が逆さまになるように）

⚠ 保育者は子どもの体が落ちないよう常に密着しているか確かめ、床にはマットを敷きましょう。（P.85～87参照）

アレンジ

床タッチ

保育者は利き手を子どものおなかに、もう一方の手を胸に添えて前向きで抱きかかえ、おじぎをします。子どもが手で床にタッチできるか挑戦します。

1歳 前半

ジャンプする感覚を味わえます。

せーの！ ジャ～ンプ

1人~

主に育つ非認知能力
● 充実感
● 共感性
● 身体感覚
● 好奇心

粗大運動あそび　室内

準備

● 保育者は子どもの後ろでしゃがみ、両脇に手を添える。

あそびのPoint!
子どもが怖がらないよう表情を確かめながら、上げたり、下ろしたりするスピードや高さを調節します。着地はゆっくりと行います。

あそび方

1 保育者の「せーの！」のかけ声で、子どもがしゃがむよう両脇に添えた手を下げる。

2 「ジャ～ンプ」のかけ声で、保育者は子どもを高く持ち上げる。

アレンジ

バンザイジャンプ！

子どもがバンザイのポーズをして、保育者は子どもの両手首を持ってひっぱりあげます。

⚠ アレンジでは保育者が子どもの手を強くひっぱらないよう注意しましょう。（P.85～87参照）

1歳

運動

室内

外

1歳 前半

体の柔軟性を高め、保育者とのふれあいを深めます

おきあがりこぼし

1人〜

主に育つ非認知能力
● 信頼感
● 共感性
● 身体感覚
● 好奇心

粗大運動あそび / 室内

準備

● 保育者は両足を伸ばして座り、その上に子どもがあおむけになる。
● 保育者と子どもが両手をつなぐ。

あそび方

1 保育者は、両手をゆっくり引き寄せる。

あそびのPoint!
子どもをあおむけに戻す際は、保育者が子どもに上体や顔を近づけ大きな動きをすると子どもが喜びます。

こんにちは

2 子どもが起き上がったら「こんにちは」と声をかけ、ゆっくりとあおむけの状態に戻す。

アレンジ

自分で握る！

保育者は親指を立てて内側に向けます。子どもが親指を握ったら、ゆっくり引き寄せ、起き上がったら引き上げてバンザイのポーズに。

⚠ 子どもが不意に手を離して頭をぶつけないよう、子どもの頭の下にクッションを置きましょう。（P.85 〜 87 参照）

1歳 前半

バランスをとる感覚を体験できます

肩車バランス

1人〜

主に育つ非認知能力
- 信頼感
- 共感性
- 意欲
- 身体感覚

粗大運動 あそび / 室内

準備

● 肩車をする保育者と補助役の2人1組で行う。

あそび方

保育者が座って子どもを肩車し、体を前後左右にゆっくり揺らす。補助役の保育者は子どもの表情や反応を確認しながら安全を確保する。

あそびのPoint!

保育者の首はまっすぐにします。子どもが座った際は不安定でも、徐々に慣れ、自分でバランスをとれるようになります。

アレンジ

立ち上がって肩車

座った肩車に子どもが慣れたら、保育者はそのまま立ち上がります。体をより大きく揺らしたり、揺らす方向へ歩いたりしてあそびます。

⚠ 安全のため周りの床にもマットを敷きましょう。（P.85〜87参照）

1歳
運動
室内

1歳 前半

音楽に合わせて動いたり、止まったりすることを楽しみます

おしり歩きGO-STOP

1人~

主に育つ非認知能力
- 身体感覚
- 好奇心
- 充実感
- 挑戦意欲

粗大運動 あそび / 室内

準備

● 平均台

あそび方

子どもが平均台に座り、音楽に合わせておしりで進む。音楽を止めたら、子どもも動きを止める。平均台の端まで着いたら、成功。

あそびの Point!
足の裏をしっかりと床につけて、手を平均台につきながら前へ進みます。お尻への圧をかける運動あそびです。

アレンジ

平均台くぐり

子どもが動物のまねをしながら平均台をくぐります。ワニならおなかを下に、ラッコなら背中を下にします。高めの平均台を使います。

ワニさん

ラッコさん

1歳 前半

フープくぐりを楽しみます

鉄棒で輪くぐり

1〜2人

主に育つ非認知能力
● 想像力
● 好奇心
● 身体感覚
● 挑戦意欲

粗大運動あそび / 室内 / 外

準備

● 鉄棒
● マット
● なわとび
● フープ

あそび方

保育者が鉄棒になわとびを結び、フープを吊るす。子どもはフープをくぐる。フープはマットにつく高さから始める。

あそびのPoint!

四つ這いの姿勢になってくぐり、空間移動の感覚をつかみます。同時に腕に体重をかけて支える腕支持感覚を知ります。

アレンジ

いろいろフープくぐり

フープを吊るす高さや大きさを変え、くぐる変化を楽しみます。子ども2人でも挑戦できます。

⚠ フープが子どもの首にひっかからないよう注意し、見守りましょう。（P.85 〜 87 参照）

1歳

運動

室内

外

117

1歳前半

転がることで、受け身の姿勢を学びます

ゆらゆらマット

1～5人

主に育つ非認知能力
- 身体感覚
- 好奇心
- 充実感
- 挑戦意欲

粗大運動 あそび ／ 室内 ／ 外

準備

- マット

あそび方

子どもは保育者が揺らすマットの上ではいはいの姿勢から転がることを楽しむ。

あそびのPoint!

子どもの様子に合わせ揺らす大きさを調整します。怖がる子どもにはゆっくり少しずつ、慣れた子どもには大きく揺らします。

アレンジ

ぐらぐら山

マットの下にボールを入れ、動くマットを作り、子どもが座ります。子どもは座った姿勢から転ぶことを楽しみます。

⚠ 安全のため周りの床にもマットを敷きましょう。（P.85～87 参照）

1歳 前半

傾斜をはいはい登りすることで筋力がアップします

はいはい登り

1人~

主に育つ非認知能力
● 身体感覚
● 好奇心
● 充実感
● 挑戦意欲

粗大運動 あそび / 室内 / 外

準備

● マット
● ブロック
● 机

あそび方

保育者はブロックと机で坂道を作る。子どもがはいはいで登る全身運動。降りるときは保育者が補助する。

あそびの Point!
手や足の裏を使って傾斜を登っていくようにうながします。滑って登りづらそうなときは、傾斜を下げます。

ここまでおいで

アレンジ

小さなマット山

ブロックで傾斜をつけた机の上にマットを敷き、子どもがマットの上をおしりで降ります。

1歳

運動

室内

外

⚠ 机がブロックから落ちないよう注意し、見守りましょう。(P.85 ～ 87 参照)

1歳 前半

子どもが自発的に体を動かしたくなります

ボールころころ

2~3人

主に育つ非認知能力
● 身体感覚
● 好奇心
● 観察力
● 達成感

粗大運動あそび / **室内**

準備

● 机
● ボール（2〜10個）

あそび方

保育者が机で坂道を作り、ボールを転がす。子どもは転がるボールを目で追いかける。

あそびの Point!
興味ある物を目の前で転がすことで、「触りたい」「取りたい」「やってみたい」という気持ちを引き出します。

アレンジ

みんなでどっかーん

保育者は「3、2、1、どっかーん」と言いながら、机の上から一斉に複数のボールを転がします。子どもはボールを追いかけたり、拾ったりします。全てのボールが集まったら上手に拾えたことをほめます。

1歳 前半

ものを転がす楽しさを味わえます

コロコロ棒キャッチ

1人〜

主に育つ非認知能力
● 信頼感
● 共感性
● 観察力
● 目と手の協応

微細運動 あそび ／ 室内

準備

● 20〜30cm くらいの食品用ラップフィルムの紙芯

あそび方

保育者と子どもは1m くらい離れて向かい合って座る。保育者が紙芯をコロコロと子どものほうへ転がし、その紙芯を子どもが手でキャッチする。次に、子どもから保育者のほうへ紙芯を転がす。

あそびのPoint!

紙芯が転がりやすい摩擦の少ない床（フローリングなど）で行うのがおすすめ。キャッチするのが難しい子どもは手で上から紙芯を押さえるだけでOKです。

アレンジ

コロコロ棒ボウリング

床にペットボトルの容器を立て、紙芯を転がして倒します。

1歳

運動

室内

ボール転がしキャッチ

1歳 前半

ボールを受けたり、転がしたりすることを楽しみます

1人~

主に育つ非認知能力
● 目と手の協応
● 好奇心
● 探求心
● 信頼感

微細運動あそび / 室内

準備

● ボール（小さすぎないもの）

あそび方

あそびのPoint!

最初は近づいて座り、ボールの受け渡しから始めます。子どもはボールをキャッチできなくてもタッチするだけでOK。慣れてきたら、少しずつ距離を延ばします。ボールが小さいほど難易度は高まります。

1 保育者は子どもと向かい合って座る。子どもに向けてやさしくボールを転がす。

アレンジ

自分でキャッチ

子どもが自分でボールを転がし、壁にぶつかったり、はね返ったりしたものをキャッチします。安全のため、壁にはマットを立て掛けます。

2 お互いにボールを転がし、キャッチを繰り返す。

ブランコボールキック

1歳 前半

全身を使ってボールをけります

1人〜

主に育つ非認知能力
- 身体感覚
- 好奇心
- 充実感
- 気づき

微細運動あそび　室内

準備

大きめの柔らかい素材のボールを床に置く。保育者は子どもの後ろに立ち、脇のあたりに手を添える。

あそびのPoint!

ボールが小さいと、ける際に子どもの足が床についてしまうので、大きいボールを使います。慣れたら揺らす動きを大きくし、けったボールが遠くまで転がることを楽しみます。

あそび方

1 保育者は子どもを持ち上げ、足の間でブランコのようにゆっくり前後に揺らす。

2 揺らした勢いで、子どもがボールをける。

アレンジ

ブランコボウリング

ペットボトルの容器を3〜4本置き、ブランコボールキックしたボールで倒します。

1歳

運動

室内

外

1歳 前半

1人でボールをけることに慣れます

前進ボールキック

1人~

主に育つ非認知能力
● 身体感覚
● 好奇心
● 探求心
● 気づき

微細運動 あそび / 室内 / 外

準備

● 柔らかいボール（子どもがけりやすい大きさ）

あそび方

1 保育者は子どもの足元からボール2個分前にボールを置く。

あそびの Point!

キックをしなくても、歩くだけでボールが当たります。保育者は「上手にけれたね」と声をかけ、子どもの成功体験につなげます。そして自分でボールをけるようにうながします。

2 保育者は子どもの体を支える。子どもはボールに向かい歩いてける。

アレンジ

1人でけれるかな？

ボールをけるのに慣れたら、保育者が離れたところからボールを転がし、子どもがけります。ボールを足に当てるだけでもOKです。

1歳前半

グー・チョキ・パーを覚えるきっかけになります

グー・パー指あそび

1人~

主に育つ非認知能力
● 手指の操作
● 好奇心
● 探求心
● 気づき

微細運動あそび / 室内 / 外

あそびの Point!
保育者は片手でグーパーを見せ、同時にもう片方の手で子どものグーとパーを補助します。

あそび方

1 保育者はグー、パーの見本を見せる。

2 子どもが手を握ったり、開いたりするのを補助する。

アレンジ

グー・パーダンス

子どもの好きなテンポの速い音楽をかけ、リズムに合わせてグーとパーを繰り返します。慣れたら、両手をそれぞれグーとパーにします。

1歳前半

保育者とふれあい、お手玉の動きを楽しみます

お手玉持ち替え

1人~

主に育つ非認知能力
● 目と手の協応
● 好奇心
● 探求心
● 気づき

微細運動あそび / 室内

準備

お手玉または同じくらいの大きさのボールを用意する。保育者が足を伸ばして座り、子どもをひざの上に乗せる。

あそびの Point!
保育者は、子どもがお手玉を持ち替える手の動きをサポートします。

あそび方

1 子どもが片手にお手玉を持つ。

ポトン

2 保育者の「ポトン」の声かけで、子どもはお手玉を持つ手を開き、もう片方の手で落ちるお手玉を受けとめる。

アレンジ

お手玉ジャンプ

お手玉の扱いに慣れたら、投げたり、落としたりしてお手玉の動きの変化を楽しみます。

1歳

運動

室内

外

1歳 後半

状況に応じて、素早く反応するあそびです

グー・パー降り

1人~

主に育つ非認知能力
● 信頼感
● 好奇心
● 身体感覚
● 気づき

粗大運動 あそび / 室内

準備

保育者は足を伸ばして座り、子どもは向かい合わせで足をまたいで立つ。

あそびの Point!

子どもはまだ自分で弾みをつけられないので、持ち上げる前に子どもの体を少し沈ませてから持ち上げ、自分でジャンプするよううながします。

あそび方

＼せーの／

1 保育者は「せーの」と声をかけ、子どもを持ち上げる。

＼グー／

2 足を開いて「グー」と声をかけ、子どもをゆっくり下ろす。子どもは足を閉じて着地する。

＼パー／

3 もう一度子どもを持ち上げ足を閉じ、子どもをゆっくり下ろす。子どもは足を開いて着地する。何度か繰り返す。

アレンジ

ランダムグー・パー

保育者は子どもに「グーだよ」「パーだよ」と、ランダムに声をかけます。繰り返す度に上手になる過程を楽しみます。

＼次はグーだよ／

あそびアイデア　秋山真也

1歳 後半

前まわりを知るきっかけになります

手押し車前転

1人〜

主に育つ非認知能力
- 身体感覚
- 好奇心
- 信頼感
- 気づき

粗大運動 あそび / 室内

準備

クッションやバスタオルを子どもの2〜3m前に置く。

あそび方

あそびのPoint!
子どもが手だけで前進する際は、頭が下がらないようにクッションを見るよう声をかけます。

1 保育者は子どもの足を持ち、子どもは手をついて前へ進む。

2 クッションの上まで来たら、子どもはへそを見るように頭を下げ体を丸める。

3 保育者は最後まで足を持ち、ゆっくり前まわりの補助をする。

あそびアイデア　秋山真也

1歳 後半

しゃがむ、立つの動きを楽しみます

カエルスクワット

1人〜

主に育つ非認知能力
- 身体感覚
- 好奇心
- 共感性
- 想像力

粗大運動 あそび / 室内

あそび方

あそびのPoint!
しゃがむ際には子どもの手を少し下げ、立ち上がる際は軽く引き上げます。

カエルさんに変身するよ

1 保育者は子どもと向かい合って立つ。

2 手をつないだまま、一緒にしゃがんだり、立ち上がったりする。しゃがむ前に、「カエルさんに変身するよ」と声をかける。

アレンジ

カエルぴょこぴょこ

子ども同士で手をつなぎ、しゃがんだり、立ち上がったりします。保育者は動きの合図の声をかけます。

1歳

運動

室内

外

127

1歳 後半

バランスをとりながら、タイミングを合わせて歩きます

両手つなぎで後ろ歩き

1人〜

粗大運動あそび / 室内

準備

保育者は子どもの後ろで
同じ向きに立つ。

あそび方

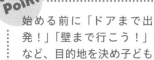

あそびのPoint!
始める前に「ドアまで出発！」「壁まで行こう！」など、目的地を決め子どもに歩く意欲をわかせます。

\ ドアまで出発！ /

後ろだよ

1 保育者は子どもの両手を握る。

2 「1、2！ 1、2！」とかけ声をかけ、タイミングを合わせて2人一緒に後ろ向きで歩く。

アレンジ

いろいろ後ろ歩き

子どもが慣れたら、音楽をかけリズムに合わせて歩きます。ゆっくりとしたテンポでは大また歩き、速いテンポでは小刻みに歩きます。

ロープ・1本橋渡り

1歳 後半

身近なものを使って歩くあそびを楽しみます

1人～

主に育つ非認知能力
- 観察力
- 好奇心
- 信頼感
- 気づき

粗大運動あそび / 室内 / 外

準備

ロープやなわとびなどを床に置く。(ビニールテープでも可)

あそび方

あそびのPoint!
子どもが下を向くと、歩くバランスが崩れるので、ロープの終点を見るよう声をかけます。

1 保育者は子どもと手をつなぎ、端から端までゆっくりと一緒に歩く。

1、2! 1、2!

2 「1、2! 1、2!」とリズムよく声をかけ、子どもの足が前に出るよううながす。

アレンジ

くねくね渡り

ロープで曲線を作り、子どもと手をつないで歩きます。子どもが慣れたら、1人歩きに挑戦します。小さなブロックなど障害物を置くのもおすすめです。

1歳

運動

室内

外

129

鉄棒ブランコ

1歳 後半

体を支える筋力や長く維持する持久力を育てます

1〜2人

主に育つ非認知能力
- 身体感覚
- 達成感
- 探求心
- 意欲

粗大運動あそび / 室内 / 外

準備

- 鉄棒
- マット
- なわとび

あそび方

鉄棒になわとびを結び、下にマットを敷く。保育者が子どもをブランコのように座らせる。子どもの手は鉄棒を握らせる。

あそびの Point!

鉄棒を握る感覚をつかむあそびです。慣れたら、ゆっくりと前後に揺らします。

アレンジ

フープブランコ

保育者はなわとびでフープを鉄棒とくっつけて結んで吊るします。子どもはフープの中でブランコのように座ります。子どもの手は鉄棒を握らせます。

⚠ なわとびやフープから子どもが落ちないよう注意し、支えましょう。（P.85〜87参照）

1歳後半

座った状態でバランスを保ちます

バスバスGO

1~3人

主に育つ非認知能力
- 身体感覚
- 信頼感
- 共感性
- 意欲

粗大運動 あそび / 室内

準備

- マット
- フープ
- ロープ

あそび方

保育者はフープをマットにかけ、ロープを結び、バスに見立てて子どもを乗せる。子どもはフープをハンドルにして、握る。子どもの「GO！」の合図で保育者がバスをゆっくりひっぱる。

あそびのPoint!

バスが動いたり、止まったりしても後ろに倒れないよう、体の姿勢を保つ運動です。友達と一緒にあそぶことで共感する力も養えます。

1歳

運動

室内

外

アレンジ

ひっぱるぞー！

マットにひっぱるためのなわとびを多めに結び、おもちゃやぬいぐるみを乗せます。子どもがなわとびを持ち、力を合わせてマットをひっぱります。マットの上に保育者が乗ってもOK。（マットは動かなくてもよい）

⚠ マットから子どもが落ちないよう注意し、ゆっくり動かしましょう。（P.85 ～ 87 参照）

1歳 後半

フープを使って、ゆっくり歩く動きを楽しみます

またぎ歩き

1~3人

主に育つ非認知能力
● 身体感覚
● 好奇心
● 探求心
● 意欲

粗大運動あそび / 室内 / 外

準備

● フープ
● ブロック

あそび方

ブロックの上にフープを置いて高さを出す。子どもはフープの中をまたいで歩く。

あそびの Point!

子どもが一瞬、片足立ちの姿勢になる際に補助が必要なら手を添えます。ゆっくり丁寧にあそぶ「静の運動」です。

アレンジ

しゃがんでくぐる

保育者は空中でフープを立てて持ちます。子どもはフープに触れないように、しゃがんだり頭を下げたりしてくぐります。

⚠ フープで子どもが転ばないよう注意し、見守りましょう。（P.85 ～ 87 参照）

1歳 後半

逆さ感覚や回転感覚が身につきます

マットスライダー

1人〜

主に育つ非認知能力
● 達成感
● 好奇心
● 身体感覚
● 意欲

粗大運動あそび / 室内 / 外

準備

● マット
● ロイター板
● とび箱

あそび方

ロイター板、とび箱、マットで坂道すべり台を作る。子どもは腹ばいになり、頭からゆっくりすべり降りる。

あそびのPoint!

逆さ感覚に慣れる運動あそびです。保育者は子どもに、すべる際は「顔を上げて前を見るように」と、声をかけます。子どもが腕を伸ばし、保育者が体を支えながらすべり降りても楽しめます。

アレンジ

坂道コロコロいも

子どもが横向きになって坂道を転がります。視界がスピーディに変わるおもしろさが味わえます。

⚠ 安全のため周りの床にもマットを敷きましょう。（P.85〜87 参照）

1歳

運動

室内

外

133

1歳 後半

不安定な場所でバランスをとり、はいはいで進みます

凸凹道ではいはい

1~5人

主に育つ非認知能力
● 身体感覚
● 好奇心
● 探求心
● 充実感

粗大運動あそび / 室内 / 外

準備

● マット
● ボール

あそび方

マットの下にボールを入れて凸凹道を作る。子どもはマットの上をはいはいで進み、不安定な場所で体を動かす感覚を体験する。

あそびのPoint!

平地ではない凸凹のマットの上をはいはいすることで、バランス感覚を養いながら楽しみながら進めるようにします。

アレンジ

凸凹道を歩いて 1・2・3!

子どもは保育者と手をつなぎ凸凹道を歩きます。

＼ おっとっと ／

⚠ 安全のため周りの床にもマットを敷きましょう。（P.85 〜 87 参照）

1歳 後半

足を使いボールを落とさずに運びます

クレーンゲーム

1人~

主に育つ非認知能力
- 想像力
- 好奇心
- 身体感覚
- 気づき

微細運動 あそび / 室内

準備

- ボール（小さすぎないサイズ）
- ボールが入る箱やかご

あそび方

1 子どもは椅子に座り、足元に保育者がボールと箱を置く。

あそびのPoint!
挟む前に足をしっかり開くと、ボールを挟みやすくなります。保育者は箱を斜めにしボールを入れられるよう補助します。

2 子どもがボールを両足で挟み、持ち上げて箱に入れる。

アレンジ

移動式クレーンゲーム

ボール2～3個と箱を床に並べて置き、子どもはボールを足で挟んで立ちます。保育者が子どもをゆっくりと持ち上げ、箱の前まで移動します。子どもはボールから足を離します。ボールが箱に入ったら成功です。

1歳 後半

落ちるお手玉の動きを楽しみます

こんにちはキャッチ

1人～

主に育つ非認知能力
● 身体感覚
● 好奇心
● 探求心
● 気づき

微細運動あそび / 室内

準備

● お手玉や丸めたお花紙など

あそび方

あそびのPoint!

両手をおわんの形にすると、お手玉をキャッチしやすくなります。子どもは慣れるまで、保育者のひざの上で座り、補助を受けながら行います。

1 保育者は子どもの頭の上にお手玉を乗せる。子どもは両手を胸の前で、手のひらを上にして構える。

こんにちは

アレンジ

お手玉ポトン

頭を左右や後ろに倒し、お手玉を落としてあそびます。

2 「こんにちは」と言いながら、子どもはおじぎして、落ちるお手玉を手でキャッチする。

おかたづけ玉入れ

1歳 後半

ボールを目標に向かって入れます

1人~

主に育つ非認知能力
- 観察力
- 好奇心
- 共感性
- 気づき

微細運動 あそび / 室内

準備
- 子どもの持ちやすい大きさのボール

あそびのPoint!
ボールを投げられるようになるまで、手が届くぎりぎりの高さで箱を持ちます。

あそび方

1 保育者が箱を持ち、子どもがボールを入れる。

2 箱は低い位置から徐々に高い位置に構え、子どもの投げる動作につなげる。

アレンジ

箱にポイ

保育者は子どもから離れたところで箱を持ちます。子どもはフープの中から箱に向かって投げます。

スカーフキャッチ

1歳 後半

動きに合わせてキャッチします

1人~

主に育つ非認知能力
- 身体感覚
- 充実感
- 共感性
- 気づき

微細運動 あそび / 室内

準備
- スカーフやハンカチ（ティッシュペーパーでも可）

あそびのPoint!
生地が薄く、空中からゆっくりと落ちると子どもが追いかけやすく、キャッチが楽しくなります。

あそび方

1 保育者はスカーフを子どもの頭の上から、ふわりと浮かせて落とす。子どもは落ちてくるスカーフをキャッチする。

2 スカーフを丸めたり、高めに投げたりして落とし方を工夫する。

アレンジ

ダッシュ＆キャッチ

保育者は子どもから離れたところでスカーフを投げます。子どもはスカーフが落ちる前に走ってキャッチします。

1歳

運動

室内

外

1歳 後半

なわに親しむあそびです

ヘビロープをまたごう！

1人〜

主に育つ非認知能力
● 身体感覚
● 好奇心
● 探求心
● 意欲

微細運動 あそび / 室内 / 外

準備

ロープやなわなどを数本、床に置く。

あそび方

1 子どもはロープを踏まないよう、またぐ。

あそびのPoint!
ロープをまたぐ動きから、タイミングに合わせて体を動かす経験をします。

ヘビさん、上手にまたいだね

2 慣れるまでは保育者と子どもが向かい合って手をつなぎ、「1、2！ 1、2！」とリズムよく声をかけて、子どもの足が前に出るよううながす。

アレンジ

動くヘビまたぎ

ロープの両端を保育者が持ち、子どもの足元に向かって引きずります。子どもは近づくロープをまたぎます。

ヘビさん、くるよ

1歳 後半

ボールの動きを楽しみながらキャッチします

振り子ボールキャッチ

1人〜

主に育つ非認知能力
● 目と手の協応
● 好奇心
● 観察力
● 挑戦意欲

微細運動あそび / 室内

準備

子どもの手で持ちやすい大きさの
ボールにひもを結ぶ。

あそび方

1 保育者は子どもの胸のあたりで、ボールを
振り子のようにゆっくり揺らす。

あそびの
Point!

1回でキャッチできなくて
も大丈夫。子どもが挑戦し
やすいよう振り子は同じ
ペースで揺らしましょう。
キャッチが難しい場合は、
ボールを子どもの前で止め
ます。

2 子どもは揺れるボールをキャッチ
する。

アレンジ

ボールキャッチできるかな？

保育者はボールを投げる動作で
手に持ったまま、子どもの胸元
に近づけて渡します。

1歳

運動

室内

外

2歳 前半

動きに合わせ重心をコントロールする感覚を体験します

抱っこ de バク転

1人〜

主に育つ非認知能力
● 身体感覚
● 信頼感
● 好奇心
● 気づき

粗大運動 あそび / 室内

準備

保育者は片手で子どもの背中を、もう一方の手でおしりを支え、体を密着させ抱いて立つ。

あそび方

1 保育者は体を前にかがめる。

あそびの Point!

腕での支持力、逆さ感覚や回転感覚が身につくあそびです。子どもの両手が床についた際、保育者が子どもの背中からおなかに手の支えを素早く切り替えると子どもは安心して回れます。

2 子どもは両手を伸ばして床につける。

3 保育者は子どものおなかを支え、子どもは床に両足を着地する。

アレンジ

ひざの上でバク転

保育者は片ひざを立ててしゃがみます。子どもはひざの上にあおむけになり、頭をゆっくり下げ両手を床につけます。保育者は子どものおなかを押さえ、子どもはおしりを引き上げて回ります。

⚠ もう1人サポートを入れて子どもが落ちないようにすると、より安全に行えます。（P.85 〜 87 参照）

あそびアイデア 秋山真也

2歳前半

横に歩く動きで移動を楽しみます

カニ歩きグー・パー

1人〜

主に育つ非認知能力
● 想像力
● 好奇心
● 充実感
● 気づき

粗大運動あそび / 室内 / 外

準備

子どもはスタート地点に立つ。

あそびの Point!
子どもが慣れたら、両手でハサミを作り、「カニさんになるよ」と声をかけ横歩きを楽しみます。

あそび方

スタート地点

アレンジ

ぴょこぴょこ横歩き

横歩きに跳ねる動きをプラスし、「グッパー、グッパー」とリズミカルに歩きます。

1 保育者の「パー」のかけ声で、子どもは片足を横に広げて立つ。

2 「グー」のかけ声でもう一方の足を閉じ、繰り返して横歩きをする。

あそびアイデア 秋山真也

2歳前半

片足でバランスをとる体験をします

片足エレベーター

1人〜

主に育つ非認知能力
● 身体感覚
● 好奇心
● 信頼感
● 気づき

粗大運動あそび / 室内 / 外

準備

保育者は子どもと向かい合って両手を握る。子どもは片足を保育者の足の甲に乗せる。

あそびの Point!
片足を持ち上げたら動きを止め、「5、4、3、2、1」と数えてバランスを保ちます。

あそび方

上へまいります

下へまいります

アレンジ

横エレベーター

かけ声をかけ、持ち上げた足を左右にも動かします。

横にも動きます

1 保育者が子どもにかけ声をかけ、足をゆっくり持ち上げる。

2 保育者が子どもにかけ声をかけ、足をゆっくり下ろす。

2歳

運動

室内

外

2本橋クマ歩き

床への手のつき方、ひじの使い方に慣れます

1人〜

主に育つ非認知能力
● 身体感覚
● 好奇心
● 充実感
● 挑戦意欲

粗大運動 あそび / 室内 / 外

準備

2本のなわを30cm間隔で床に置く。
（ビニールテープでも可）

あそび方

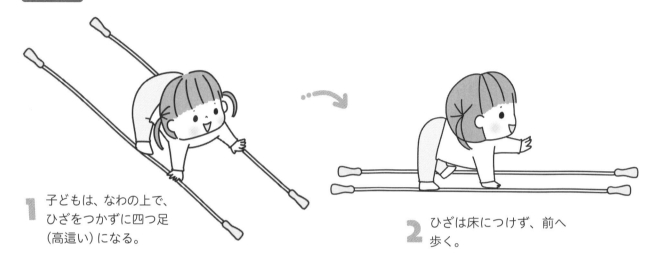

1 子どもは、なわの上で、ひざをつかずに四つ足（高這い）になる。

2 ひざは床につけず、前へ歩く。

あそびのPoint!
子どもは床のなわを見がちで、頭が下がりクマ歩きしづらくなります。しっかりと前を向くよう声をかけます。

こっちだよー

3 保育者は子どもに前を向くよう声をかけます。

アレンジ

いろいろクマ歩き

クマ歩きに慣れたら、後ろや横に歩くことにも挑戦します。

2歳 前半

テンポやリズムに興味・関心をもちます

手拍子でリズムジャンプ

1人~

主に育つ非認知能力
● 身体感覚
● 感性
● 探求心
● 共感性

粗大運動 あそび / 室内 / 外

あそび方

パンパンパン

1 保育者は手拍子を打ち、子どもは
タイミングを聞いて覚える。

あそびの Point!

初めはできなくても OK。
一定のリズムを繰り返して
慣れましょう。

アレンジ

ジャーンプ・ジャンプ

手拍子に遅い、速いを混ぜ、回数も
増やします。

パンパン
パパパン

パンパンパン

2 もう一度同じ手拍子を打ち、子ど
もはタイミングを合わせてジャン
プする。

2歳

運動

室内

外

143

2歳前半

バランスをとり、落ちないよう体を支えます

立ちブランコ

1～2人

主に育つ非認知能力
- 充実感
- 身体感覚
- 達成感
- 挑戦意欲

粗大運動あそび　室内　外

準備

- 鉄棒
- マット
- なわ

あそびの Point!

最初は保育者が補助をして立たせます。慣れたら子どもがなわに足を掛けて、腕で体を押し上げます。なわをピンとはると立ちやすくなります。

あそび方

保育者が鉄棒になわをはり、子どもは足の裏でバランスをとってなわの上に立つ。腕をしっかりと伸ばして、腕支持のポーズをとり、慣れたら少し揺らす。

アレンジ

忍者のなわ渡り

鉄棒の端のなわの上に立ち、手と足を少しずつずらし、横へ進みます。

2歳 前半

狭い道をバランスをとりながら歩きます

ゆっくり平均台歩き

1人〜

主に育つ非認知能力
● 身体感覚
● 好奇心
● 探求心
● 挑戦意欲

粗大運動 あそび ／ 室内

準備

● 平均台
● マット

あそび方

子どもは壁を手でつたい、平均台の上を歩く。1本の平均台で難しい場合には2本にする。

あそびの Point!

壁に触れながら安心して歩くことができます。落ちて失敗してもまた上ればOKということを学びます。心を落ち着かせて取り組む「静の運動あそび」です。

2 歳

運動

室内

外

アレンジ

ヘビさんまたぎ

保育者は平均台になわを巻きつけます。子どもは、なわを踏まないように歩きます。

⚠ 安全のため平均台の下にマットを敷いておきましょう。（P.85 〜 87 参照）

2歳 前半

力いっぱい押したり、転んだりします

マットにタックル！

1〜3人

主に育つ非認知能力
● 充実感
● 好奇心
● 探求心
● 達成感

粗大運動 あそび / 室内 / 外

準備

● マット
● なわ
● 絵を描いた画用紙（おになど）

あそび方

保育者はマットを丸め、なわで巻いて固定し、絵をはる。子どもはマットを押し倒す。

あそびの Point!

全力を出して押し、前へ倒れる体験を楽しみます。倒れる際の受け身の姿勢が、転んだときの受け身につながります。

アレンジ

いないいないばあ

保育者が「いないいないばあ」と言ったら、保育者と子どもが同時に顔を出します。子どもが保育者と同じ方向に顔を出せたら喜び合いましょう。

⚠ 安全のため床にマットを敷いておきましょう。（P.85 〜 87 参照）

2歳 前半

高いところに登ったり降りたりする動きを楽しみます

とび箱ジャンプ

1人～

主に育つ非認知能力
● 身体感覚
● 好奇心
● 充実感
● 達成感

粗大運動あそび / 室内 / 外

準備
● マット
● とび箱
● ビニールテープ

あそびの Point!

先にひざの曲げ伸ばし運動をすることで、とび箱からのジャンプと着地がスムーズになります。最初のマットの上で、着地と同じ動きを繰り返すことで、とび箱からのジャンプと着地が安定します。

あそび方

1 3つ折りにしたマットの上でジャンプを繰り返す。

2 屈伸運動をしてから、とび箱へジャンプして来る。

3 マットの目印（ビニールテープなど）までジャンプする。

ジャンプ　ジャンプ

アレンジ

タンブリンタッチ

とび箱からジャンプしたあと、タンブリンや風船などにタッチします。

タッチ

2歳 前半

凸凹になったマットでの回転を楽しみます

おいもコロコロ

1~6人

主に育つ非認知能力
● 充実感
● 好奇心
● 気づき
● 達成感

粗大運動あそび / 室内 / 外

準備

- マット
- ボール、クッション、丸めたタオル など

あそび方

保育者がマットの下にボールや丸めたクッションなどを入れ、凸凹道を作る。子どもが凸凹道の上をおいもになりコロコロ回転する。

あそびのPoint!

平地での回転運動とは違い、ボールやマットなどの障害物を越える感覚を楽しみます。

コロコロ

アレンジ

保育者を越えよう！

保育者がマットの上にあおむけになって障害物になります。子どもが回転しながら乗り越えたり、保育者が抱っこしたりして、ふれあいを楽しみます。

どうぞ

2歳前半

風船の動きに合わせ、キックをします

風船キック

1人〜

主に育つ非認知能力
● 観察力
● 好奇心
● 探求心
● 気づき

微細運動あそび　室内　外

準備

● 風船

あそび方

あそびのPoint!
キックに慣れるまでは風船を低く浮かせ、徐々に高く浮かせます。

1 保育者は子どもと向かい合って立ち、風船をふわりと浮かせる。

2 子どもは落ちてくる風船をキックする。

アレンジ

ダッシュ＆キック

保育者は少し離れたところで風船を浮かします。子どもは走って落ちてくる風船をキックします。

2歳前半

落ちてくるお手玉の動きを楽しみます

手のひらでキャッチ

1人〜

主に育つ非認知能力
● 信頼感
● 好奇心
● 目と手の協応
● 気づき

微細運動あそび　室内

準備

● お手玉、丸めたお花紙など

あそび方

あそびのPoint!
手のおわんを丸みのある形にすると、お手玉がキャッチしやすくなります。

1 子どもは両手をおわんの形にする。

2 保育者は子どもの手のひらの上からお手玉を落とし、子どもがキャッチします。

アレンジ

ポンポンお手玉

子どもは保育者のひざの上に座ります。両手でお手玉を上に投げて、キャッチします。保育者は子どもの両手の動きを補助します。

2歳

運動

室内

外

149

2歳 前半

指先のいろいろな動きや使い方を経験します

お手玉つまんでポトン

1人~

主に育つ非認知能力
● 身体感覚
● 好奇心
● 探求心
● 気づき

微細運動あそび　室内

準備

● お手玉、丸めたお花紙など

あそび方

あそびのPoint!
指先の動きのイメージができるよう、保育者は子どもに使う指やつまみ方、離し方の見本を見せたり、子どもを補助したりします。

1 保育者が床に置いたお手玉を、子どもは親指と人差し指だけでつまみ上げて落とす。

アレンジ

指を開いて挟んで

親指と人差し指、人差し指と中指など、隣り合う指でお手玉を挟みます。

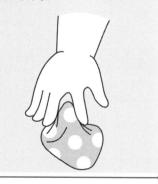

2 親指と中指でつまみ上げて落とす。（親指と薬指、親指と小指でも同様に行う）

2歳
前半

風船の動きに合わせて、パンチをします

風船パンチ

1人〜

主に育つ非認知能力
● 観察力
● 好奇心
● 目と手の協応
● 気づき

微細運動
あそび | 室内

準備

● 風船

あそび方

あそびの Point!
何度もパンチして、風船の動きに慣れます。

1 保育者は子どもと向かい合って立ち、風船を子どもの頭よりも高くふわりと浮かせる。子どもは落ちてくる風船に合わせてグーでパンチする。

アレンジ

ふわふわ風船

風船を片手でついて浮かせます。最初はグーでつき、慣れてきたら手のひらを開いてつきます。

2 風船のタイミングに合わせてパンチをするのが難しい場合には、保育者が手で持つ。

2歳

運動

室内

外

2歳 前半

ボールをコントロールし目標に向かって投げ入れます

ボール投げフープ通し

1人~

主に育つ非認知能力
● 目と手の協応
● 好奇心
● 探求心
● 気づき

微細運動あそび　室内

準備

● ボール
● フープ

あそびの Point!
フープを徐々に高くしたり、距離を離したりと難易度を上げてあそびましょう。

あそび方

1 保育者は子どもと向かい合って立ち、フープを持つ。子どもはフープの中にボールを投げ入れる。

2 ボールを投げるのが難しい場合には、フープを子どもの目の前に持ち、子どもはボールを押し込む動きでフープに通す。

アレンジ

上からポイ

保育者はフープを横にして持ち、子どもが上から投げ入れます。初めはフープを斜めに持ち徐々に平らにします。

152

あそびアイデア 秋山真也

走り込んでボールキック

2歳 前半

転がるボールにタイミングを合わせてけります

1人～

主に育つ非認知能力
- 身体感覚
- 好奇心
- 探求心
- 充実感

微細運動あそび / 室内 / 外

準備

● ボール（子どもがけりやすい
大きさで柔らかい素材）

あそび方

あそびのPoint!
子どもがけるタイミングを合わせられるように、ボールをゆっくり転がします。

1 保育者は子どもの前からボールを転がし、子どもは走り込んでボールをける。

アレンジ

あっちこっちからボール

保育者は子どもの横や斜めから、ボールを転がします。子どもはタイミングを合わせてボールをけります。

2 転がるボールをけるのが難しい場合には、子どもの足元にボールを置いてけるところから始める。

2歳

運動

室内

外

2歳 後半

ジャンプする楽しさを感じられるあそびです

棒転がしジャンプ

1人〜

主に育つ非認知能力
- 達成感
- 好奇心
- 意欲
- 気づき

粗大運動 あそび / 室内 / 外

準備

- 30〜50cmの長さで棒状に巻いた新聞紙

あそび方

あそびの Point!
両足でジャンプすることを意識できるように、声をかけます。

＼両足でジャンプ／

1 初めは保育者が床に置いた棒状の新聞紙を、子どもが飛び越えます。

2 保育者は子どもと向かい合い、棒状の新聞紙を転がす。子どもはタイミングを合わせてジャンプする。

アレンジ

連続ジャンプ

保育者は、複数の棒を1本ずつ転がし、子どもは連続でジャンプします。床にテープを×にしてはりジャンプ地点の目印にします。

あそびアイデア 秋山真也

2歳 後半

姿勢を維持するバランス感覚を養います

手のひらツバメ

1人～

主に育つ非認知能力
- 信頼感
- 好奇心
- 想像力
- 身体感覚

粗大運動 あそび / 室内

あそび方

ツバメさんに なるよ

あそびの Point!
子どもはゆっくりと手のひらに体重をかけます。慣れると両足を床から浮かすことができます。

1 保育者は子どもと向かい合ってしゃがみ、両方の手のひらを上にする。

2 子どもは保育者の手のひらに両手を乗せ体重をかけ、保育者が支える。

アレンジ

おなかバランス

保育者が棒を持ち、子どもは棒をおなかにつけて体重をかけて体を支えます。

あそびアイデア 秋山真也

2歳 後半

バランスをとりながら片足でジャンプします

手つなぎケンケン

1人～

主に育つ非認知能力
- 身体感覚
- 好奇心
- 信頼感
- 気づき

粗大運動 あそび / 室内 / 外

あそび方

あそびの Point!
最初は保育者の両手にもたれかかるようにして、片足ジャンプを行います。

ピョン

1 保育者は子どもと向かい合って手をつなぎ、子どもは片足を上げる。

2 子どもは片足でジャンプを繰り返す。

アレンジ

リズミカルケンケン

テンポの速い音楽に合わせ、足を2回ずつや4回ずつ入れ替え片足でジャンプします。

右右、左左

2歳

運動

室内

外

155

2歳 後半

空間を意識し、状況に応じて素早く反応します

クマさんトンネル

1人～

主に育つ非認知能力
● 想像力
● 好奇心
● 探求心
● 共感性

粗大運動あそび ／ 室内 ／ 外

準備

● 直径20cm以内のボール

あそびのPoint!
子どもはボールが体にぶつからないように移動して、体の下にボールをくぐらせます。

あそび方

＼ クマさん いくよ ／

＼ コロコロ ／

1 子どもはクマ歩きのポーズでトンネルを作る。保育者は子どもの前からボールを転がし、くぐらせる。

アレンジ

クマさん交差点

子どもの頭やおしりからボールを転がしトンネルをくぐらせます。

2 ボールを転がしてくぐらせるのが難しい場合には、保育者が手でボールを持ってくぐらせる。

2歳 後半

目標に向かってジャンプする楽しさを体験します

Boxジャンプ乗り

1人~

主に育つ非認知能力
● 身体感覚
● 好奇心
● 挑戦意欲
● 信頼感

粗大運動 あそび / 室内

準備

● 高さ10cm程度の台（巧技台など）

あそび方

1 保育者は台を挟んで子どもと向かい合って立ち、両手をつなぐ。

あそびのPoint!
ジャンプの際、つないだ手を引き上げるように補助します。

せーの

ピョン

2 「せーの」のかけ声に合わせて、子どもが台へジャンプして乗る。

アレンジ

段差ジャンプ

高さの異なる台やクッションなどを2～3個用意して、低い順にジャンプして乗り降りします。慣れたら、高い台にも挑戦しましょう。

2歳

運動

室内

外

157

2歳 後半

バランス感覚が身につきます

のそのそモノレール

1人〜

主に育つ非認知能力
- 身体感覚
- 好奇心
- 探求心
- 達成感

粗大運動あそび / 室内 / 外

準備

- 平均台
- とび箱
- マット

あそび方

保育者は平均台をとび箱の上に置き、傾斜をつける。子どもはおなかをつけてモノレールに変身して平均台の上を進む。腕でしっかりと体を引き寄せて進む。

あそびのPoint!

子どもがおなかで進むのに慣れたら、次は足の裏を平均台につけて進みます。

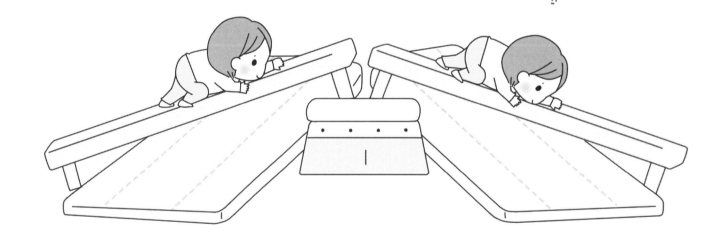

アレンジ

立って登り降り

子どもが平均台に立って、歩きながら登り降りします。

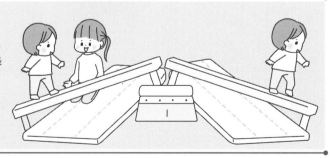

⚠ 安全のため周りの床にもマットを敷きましょう。（P.85 〜 87 参照）

2歳 後半

てっぺんへ登ることを体験します

えんとつのぼり

1人〜

主に育つ非認知能力
- 充実感
- 好奇心
- 挑戦意欲
- 達成感

粗大運動あそび / 室内 / 外

準備

- マット
- なわ

あそび方

保育者がマットを丸めてなわで
しばり、えんとつを作る。子ど
もはえんとつによじ登り、上に
立ってバンザイのポーズをとる。

あそびのPoint!

1人ずつ時間をかけて、ゆっくり登りま
す。初めは自力で挑戦し、補助が必要な
場合はそっと手を添えます。えんとつを
登るために台を置いたり、保育者のひざ
を踏み台にしてもOKです。

アレンジ

えんとつにボール入れ

子どもがえんとつの穴へボールを投
げ入れます。届かない場合には、保
育者が抱っこをします。

⚠ えんとつにしたマットが倒れないよう保育者がしっかり支えましょう。（P.85 〜 87 参照）

2歳

運動

室内

外

2歳 後半

腕での支持力、逆さ感覚、回転感覚が身につきます。

越えてまわってワニ散歩

1人~

主に育つ非認知能力
- 想像力
- 好奇心
- 身体感覚
- 達成感

粗大運動 あそび / 室内 / 外

準備

- マット
- とび箱

あそび方

子どもはワニに変身し、とび箱を越える。マットに手をついたら、保育者は子どもの足を持って逆さまのポーズにし、前転できるよう補助する。

あそびの Point!

腕支持運動と逆さ運動に慣れ親しむ運動あそびです。保育者は子どもにしっかりと腕を使うこと、前転する際にはへそを見て体を丸めることを伝えます。

次は、おへそを見るよ

アレンジ

遠くへジャンプ

サメや恐竜などのパペットを保育者が持ち、子どもはかじられないようジャンプします。マットの色を変え、「〇〇色のマットまでジャンプするよ」と声をかけるのもおすすめです。

⚠ 前転する際、ひざが顔にぶつからないよう注意し、見守りましょう。（P.85 ～ 87 参照）

2歳後半

マットの上ですべり降りるスピードを楽しみます

鉄棒すべり台

1人～

主に育つ非認知能力
● 身体感覚
● 好奇心
● 信頼感
● 気づき

粗大運動あそび / 室内

準備

● 鉄棒
● マット

あそび方

初めは保育者が補助して座らせ、手をつないだまますべる。鉄棒が高い場合には、とび箱や机などを階段代わりに置き、子どもが登れるようにする。

あそびのPoint!

鉄棒にマットをかけて山に見立て、子どもがマットの上からすべります。

アレンジ

山からジャンプ

子どもはマットの上に立ち、ジャンプして降ります。保育者は手をつないだままで補助します。

2歳

運動

室内

外

161

2歳 後半

友達と力を合わせ大きなものを押す感覚を楽しみます

とびら押し

2~3人

主に育つ非認知能力
● 充実感
● 好奇心
● 共感性
● 気づき

粗大運動あそび / 室内

準備

● 鉄棒
● マット

あそび方

保育者は鉄棒にマットをかけ、とびらを作り、子どもはマットを押して通り抜ける。

あそびのPoint!

はいはいして、マットをくぐらないよう、立って押すことを子どもに伝えます。

ぎゅー

アレンジ

マット探検隊

子どもはマットを引き上げてめくり、中に入ります。中からマットを押して反対側へ通り抜けます。

よいしょ

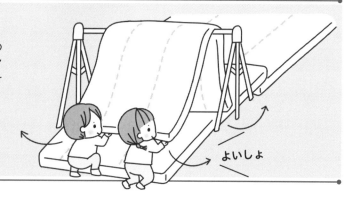

2歳後半

目標に向けて、お手玉をコントロールします

お手玉片手キャッチ

1人〜

主に育つ非認知能力
- 観察力
- 好奇心
- 手指の操作
- 気づき

微細運動あそび / 室内

準備

- お手玉、丸めたお花紙など

あそび方

あそびのPoint!
受け取る方の手のおわんを丸みのある形にすると、お手玉をキャッチしやすくなります。お手玉を落とす高さを少しずつ上げます。

ポトン

おわんの手にしよう

1 子どもは片手でお手玉をつまんで持つ。

2 お手玉を離し、もう片方の手でキャッチする。

アレンジ

上の手でお手玉キャッチ

お手玉を下の手で投げ、上の手でキャッチします。当てるだけでもOKです。

えいっ

2歳後半

足の指先のいろいろな動きや使い方を経験します

足指グー・チョキ・パー

1人〜

主に育つ非認知能力
- 身体感覚
- 好奇心
- 意欲
- 気づき

微細運動あそび / 室内

あそび方

あそびのPoint!
グー・チョキ・パーの足の指の形を覚えるため、保育者が足の指を動かしたあと、2〜3秒維持します。

グー　チョキ

パー

チョキね

1 保育者のかけ声に合わせ、子どもは足の指でジャンケンする。

2 初めは保育者が子どもの足の指を動かす。

アレンジ

たくさんジャンケン

手の指と足の指を同時に、ゆっくりとグー・チョキ・パーする。

グー

2歳

運動

室内

外

2歳 後半

ボールの動きに反応してけるあそびです

ふんわりボールキック

1人~

主に育つ非認知能力
● 観察力
● 好奇心
● 身体感覚
● 信頼感

微細運動 あそび / 室内 / 外

準備

● ボール

あそび方

あそびの Point!

保育者が子どもと同じ目線の高さにしゃがんでボールを投げると、子どもが目で追えます。ボールは子どもの頭の高さを越えない程度に、ふわりと投げます。

ポーン

1 保育者は子どもの前から弧を描くように、ボールを投げる。

2 子どもはタイミングを合わせボールをける。

アレンジ

スタートダッシュ＆キック

保育者は少し離れた場所にボールを持ってひざ立ちします。「ヨーイドン！」の合図で、子どもは保育者に向かって走り出し、保育者が投げたボールにタイミングを合わせてけります。

ヨーイドン！

2歳 後半

背中越しにボールを確かめ、タイミングを合わせます

ボールおしりキャッチ

1人～

微細運動 あそび / 室内 / 外

準備

● 直径20cm以内の転がりやすいボール

いくよー

あそびの Point!

子どもがおしりでボールをとめる感覚を養うために、50cmくらいの距離から始めます。

あそび方

1 保育者は、少し離れた場所からボールを転がし、子どもはおしりにボールを当てて止める。

\ 見える？ /

2 子どもは、前にかがんで足の間からボールをのぞいてもOK。

⚠ 子どもがボールで転倒しないよう近くで注意し、見守りましょう。（P.85 ～ 87 参照）

2歳

運動

室内

外

2歳 後半

いろいろなボールの持ち方、腕の動かし方を経験します

ダブルハンドスロー

1人~

主に育つ非認知能力
- 身体感覚
- 好奇心
- 充実感
- 意欲

微細運動 あそび / 室内 / 外

準備

- 子どもが持ちやすい大きさの ボール

あそびの Point!

手だけでなく、腕も使って大きく振る動きを楽しみます。

あそび方

せーの

1 子どもはボールを両手に持ち、耳の横に構える。保育者の「せーの」の合図で子どもは2つのボールを両手で同時に投げる。

2 両手で同時に投げるのが難しい場合には、1つのボールを両手で頭の上に持って投げる。

アレンジ

下手投げに挑戦

ボールを両手で持ち、下手投げをします。慣れたら、片方を上手投げ、もう片方を下手投げにします。

ボールキックゴルフ

2歳 後半

目的やルールを理解し、ボールをコントロールします

1人

主に育つ非認知能力
● 観察力
● 好奇心
● 探求心
● 気づき

微細運動あそび / 室内

準備

● 直径20cm以内の布製ボール
● 直径30cmくらいの輪っかを作るひも

あそび方

あそびのPoint!
ボールを足だけでコントロールして、輪っかに入れます。狙った場所へなかなか進まないことも楽しみます。

\ ヨーイドン！/

\ キック /

1 ひもの輪っかを床に置き、「ヨーイドン」の合図で子どもは輪っかの中にボールを何度でもけって入れる。

2 子どもが両手でボールを持ちたがる場合は、保育者が両手をつないだままボールをける。

アレンジ

カラフル輪っか

様々な色の輪っかを用意し、保育者が「赤だよ」など色を指定して声をかけます。子どもは指定の色の輪っかにボールをけりながら入れます。

2歳 / 運動 / 室内 / 外

167

すきまあそびで ふだんの生活を豊かに

毎日の保育では、手洗いや着替えの順番を待つなど、生活や活動の合間にちょっとの空き時間があります。もう少しお兄さん・お姉さんになれば、子どもも思いおもいに過ごせますが、0・1・2歳の子どもにはその「すきま時間」にも保育の工夫が必要です。

そこでおすすめなのが短い時間であそべる「すきまあそび」。例えば、保育者がティッシュペーパーや布を取り出し、子どもの目の前で丸めたり、ひらひらさせたりしてから手渡します。子どもはにぎる、振るなどを繰り返すことが楽しくなり、安心感をもつことができます。それをあそびとして心おきなくできる環境を用意すれば、子どもの主体的なあそびへと変わるでしょう。

入園したばかりの子どもなら、指さしもあそびのきっかけになります。子どもは楽しそうな人や場所、物が大好きです。キラキラ光るものや、動くものなど、興味ひかれるものを自分から「あっ、あっ！」と指さすようになり、大好きな保育者と指さしたものや方向を一緒に見て、おもちゃやあそびへの興味を広げていきます。「キラキラしているね」「おもしろいね」と、子どもの見ているものや気持ちを言葉にして応答的なコミュニケーションを心がけましょう。モビールや壁飾りなど、子どもが思わず指さしたくなる環境を用意し、「すきまあそび」のストックにしましょう。いつでもすぐにできるストックがあると、保育にも余裕が生まれます。

「すきまあそび」は子どもの視線や仕草、微妙な手指の動きにもヒントがあります。子どもの様子を注意深く観察し、特徴を見つけ出してください。「それなら、これをもっと大事にしよう」「ここは少し待とう」「繰り返してみよう」と子どもの成長をうながすあそびがひらめくはずです。対象物の素材や形、大きさが変わるだけでも、子どもには新しい「すきまあそび」になるでしょう。

子どもの個性や成長、その時の気分に合わせて「すきまあそび」を一緒に楽しんでください。

季節を感じる

自然あそび

3章

草花あそびや水あそび、落ち葉あそびなど
四季を感じるあそびアイデアです。
季節あそびを通して、生き物や植物、自然への
興味をもつきっかけにしましょう。
みんなで盛り上がるごっこあそびも掲載しています。

⚠ 安全に関する注意事項 ⚠

全てのあそびは、保育者が見守る中で行うことを想定しています。以下の点や各あそび
の注意事項と扱う素材や道具、あそぶ場の環境、子どもの様子をよく確かめ安全に配慮
しましょう。

水について

子どもは深さ数cmの水でもおぼれて窒
息することがあります。水を使うあそび
や環境では目を離さないようにしましょ
う。また、公園など園外であそぶ際は、
水たまりの有無もチェックしましょう。

植物について

一部の植物は毒性が強く、触るとかぶれ
たり腫れたりすることがあります。また、
うっかり口にすると、種類によっては中
毒を起こす危険もあります。子どもが危
険な植物に触れたり口にしないよう注意
し、見守りましょう。

虫について

虫の中には身を守るため強い毒を持つも
のがいます。特に重大な事故となるアナ
フィラキシーショックを起こしうる物質
や毒を持つ生き物は、下見の段階での発
見に努め、子どもが接触することのない
よう注意し、見守りましょう。

自然 あそびを始める前に

季節ごとの様々な草花や生き物に触れたり、観察したりして五感を刺激します。自然との関わりの中で、生命を尊重する心やそれぞれの興味・関心で、自分の世界を広げられる環境を用意します。

⚠安全にあそびを楽しむために

行き帰りの道中にも気をつけます。車の往来が多いルートを避け、歩道のスペースなどを確認します。「信号が赤や黄はとまる、青は渡ってもよい」という交通ルールも子どもに繰り返し伝えます。

天気予報の確認

事前に天気予報を確かめ、柔軟に活動内容やスケジュールを調整します。季節の変わり目は天候が変わりやすいので、特に気をつけます。

活動場所の下見を行う

園外で自然遊びを行う際には、必ず活動場所の下見をします。季節によっては、危ない植物があるかもしれません。雨が降ったあとの地面のぬかるみなど、下見で得た情報は、保育者間で共有します。大きな地図に保育者間で気づいたことを書いた付箋をはるのもおすすめです。

保育者の楽しむ姿から子どもは興味をもつ

保育者にとっては見慣れた自然も、子どもにとっては初めての出会いもあります。まずは保育者が楽しむ姿を見せることで、子どもは興味をもち、自然に触れるきっかけになります。触って楽しんだり、じっくり観察をしたり、自然とのふれあいにも個性があります。1人ひとりに合った楽しみ方を尊重しましょう。

約束事を確かめる

活動場所に着いたら、あそび始める前に必ず約束事を確認します。保育者の見えないところに行かない、植物などを口に入れない、公園から出ないなど、年齢や人数にも合わせます。また、いつもルールを伝えているから省いてよい、というわけではありません。出かける度に約束事を伝えます。

行き帰りの道中で気づいた危険なところを日付と一緒に付箋などに書いて地図にはり、保育者間で情報を共有し、予防策を話し合いましょう。

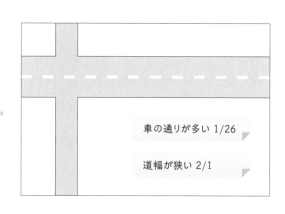

車の通りが多い 1/26

道幅が狭い 2/1

子どもの感想を分かち合う

例えば、一輪の花でも子どもによって様々な感想をもちます。綺麗な色、面白い形、変なニオイなど、子どもの率直な感想を受けとめます。また、友達と感想を分かち合うことでも新たな発見につながります。活動を発展させるヒントにもなるので共有しましょう。

道具の準備

自然あそびには「不思議だな」「何でだろう？」という疑問が満ちあふれています。その思いを、考えたり調べたり「探求する心」につなげましょう。虫かごや虫メガネ、植物を入れるポリ袋などは年齢や発達段階に合わせ、保育者が用意します。

水分補給をこまめに

通年、こまめな水分補給を意識的に行います。冬でも厚着で汗をかく子どももいます。子どもは大人よりも体温調節機能が未熟なため、大人の肌感覚で散歩のときに過剰に着込ませてしまうのは危険です。子どもたちの顔色や動き、声の調子をよく確認して判断します。

手洗い、うがい

外あそび後に手洗い、うがいを必ず行います。土や砂は小さなすき間に入りやすいので、指やツメの間も丁寧に洗います。手洗いは、保育者が大きな動作でゆっくりと手本を見せます。ウイルスやバイキンは知らず知らずのうちに手に付着する可能性があることも伝えましょう。

ハチ、クモ、ムカデに注意

子どもには、「ハチやクモ、ムカデがいたら絶対に触らないで、先生に知らせてね」とあらかじめ伝えておきます。写真や絵でイメージや危険を共有します。事前に下見をしても、木々の間やしげみにクモの巣は数時間でできます。あそぶときにもチェックは続けましょう。

緊急時の対応について共通理解

自然あそびではケガなどの思いがけないトラブルが想定されます。緊急時の対応について、保育者間や保護者と共通理解をしておくことが大切です。特に緊急時すぐに連絡がとれるよう、連絡先や連絡方法などを確認しておきます。救急セットは常に携帯しましょう。

起こりうるケガや疾病、子どもの持病などを想定して準備します。

水分補給としてはもちろん、傷の洗浄にも使います。

緊急連絡先の番号も必ず控え、緊急連絡網も作っておきます。

自然あそびの備品リスト

☐ 救急セット
☐ 水
☐ 携帯電話、またはトランシーバー
☐ 行動食（予備のおやつ）
☐ 筆記用具

エネルギー補給、気分転換になる菓子を用意します。

緊急時に起こった状況や、子どもの発言を記録するためにも用意します。

※各園で必要なものを話し合って用意しましょう。
※備品の消費期限は持ち出す前に必ずチェックし、定期的に入れ替えましょう。

0歳

保育者とあそびながら、言葉のリズムを楽しみます

タンポポ ポポポ

1~5人

主に育つ非認知能力
- 信頼感
- 共感性
- 感性
- 身体感覚

春 / 外

準備

- タンポポ
- シート（子どもが外で座る際
  に必要なら）

あそびの Point!

言葉のリズムの楽しさを伝えるの
に時間がかかるので、何度も繰り
返します。いろいろなリズムや間
のとり方で楽しみ方が広がります。

あそび方

\ タンポポ /　　　　　　\ ポポポ /

1 保育者は子どもの目を見つめ、タンポポを
見せて「タンポポ」と言う。

2 「ポポポ」と言いながら、子どもの手
や足、おなかなどを軽くタッチする。

アレンジ

**タンポポ
かくれんぼ**

保育者はタンポポで
顔を隠し「タンポ
ポ」と言い、「ポポ
ポ」で顔を出して笑
顔を見せます。

\ タンポポ /　　　　　　\ ポポポ /

0歳

花びらの動きを目で追って楽しみます

花びら　ひらひら

1~5人

主に育つ非認知能力
● 信頼感
● 共感性
● 気づき
● 好奇心

春　外

準備

桜の花びらが散る場所を事前に調べておく。

あそびの Point!

子どもが桜の花びらを見たら、共有する時間をたっぷりとります。

あそび方

1 保育者は子どもと一緒に散歩し、桜の花びらを見つける。

2 保育者は手に花びらを乗せ、「ひらひら」と言い花びらを吹く。

アレンジ

ひらひらシャワー

保育者は桜の花びらを集め、「ひらひらシャワー」と言って子どもの頭の上からかけます。

|ひらひらシャワー|

⚠ 植物にアレルギーがある子どもには注意し、見守りましょう。（P.169 参照）

0歳

雨の降る音や様子を疑似体験します

雨ポッツン

1~5人

主に育つ非認知能力
● 信頼感
● 共感性
● 想像力
● 感性

夏　室内

準備

● ティッシュペーパー
● スチールの菓子缶

あそびの Point!

あそびを始める前に、保育者は子どもと一緒に外の雨が降る様子を見て、「雨が降っているね」と声をかけます。「雨ポッツン、ポツポツ」など雨の降る擬音やタッチのリズムも工夫します。

アレンジ

いろいろな雨

ティッシュペーパーで子どもの体をやさしくタッチします。1枚のティッシュペーパーでシトシト雨、2枚重ねてザーザー雨などを表現します。

|雨ポッツン|

あそび方

1 保育者は「雨ポッツン」と言いながら、子どもの体をあちこちタッチする。

2 保育者は丸めたティッシュペーパーを菓子缶に落とし、音を出す。

0歳

自然

室内

外

0歳

水の音や流れを見て、水に慣れます

水とあそぼう!

4~5人

主に育つ非認知能力
● 信頼感
● 共感性
● 身体感覚
● 好奇心

夏 外

準備

● 水
● 大きなタライ
● じょうろ
● 葉っぱ

あそびの Point!

水を高い位置から注ぐと水の流れ落ちる様子を長く見ることができます。タライに注ぐ水の音も大きくなります。

ぷかぷか
浮いているね

1 保育者は子どもとタライを囲み、じょうろから水を注ぐ。子どもは水の流れ落ちる様子を見たり、音を聞いたりする。

2 保育者は水面に葉っぱを浮かべ、子どもはゆらゆら漂う葉っぱを見る。

アレンジ

流れるプール!

保育者は「流れるプール!ゴー」と声をかけ、タライの中の水をぐるぐるかき回します。水の流れがおさまったら、繰り返します。

⚠ タライの水を子どもが飲まないよう注意し、見守りましょう。(P.169 参照)

0歳

落ち葉の色や形、落ちる動きを楽しみます

落ち葉で「はっぱっぱ」

1~3人

主に育つ非認知能力
- 信頼感
- 共感性
- 観察力
- 目と手の協応

秋　外

準備

- 落ち葉（紅葉しているとよい）

あそび方

はっぱっぱ

1 保育者は落ち葉を手で握り、子どもの前で「はっぱっぱ」と言いながら、手を開く。最後の「ぱ」で落とす

あそびのPoint!
赤や黄など、いろいろな色の落ち葉を使いましょう。手をゆっくり開く際は言葉もためて言うなど、いろいろなリズムを楽しみます。

2 落ち葉の中で、保育者は1を繰り返し、子どもがまねをするのをうながす。

⚠ 落ち葉や落ち葉を触った手を子どもが口に入れないよう注意し、見守りましょう。（P.169 参照）

アレンジ

はい、どうぞ

落ち葉を「はい、どうぞ」と言って、子どもの手のひらに乗せます。次に保育者は「はっぱちょうだい」と言って手を差し出します。子どもが落ち葉を渡したら保育者は「ありがとう」と言います。

はい、どうぞ

0歳

転がるドングリの様子を楽しむあそびです

ドングリすべり台

1~4人

主に育つ非認知能力
- 観察力
- 共感性
- 好奇心

秋　室内

準備

- ドングリ
- 段ボール板（両端3cmぐらいを内側に折る）
- 箱（段ボール板を支えて傾斜を出す用）

あそび方

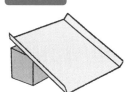

あそびのPoint!
1粒ずつ転がす、同時にたくさん転がすなど、変化をつけます。「どんぐりころころ」の歌の出だしを繰り返しうたい、心地よいリズムを伝えます。

1 保育者がすべり台を作る。

2 保育者が「どんぐりころころ」をうたいながら、ドングリを転がす。

⚠ 誤飲に注意し、子どもの手が届く範囲にドングリが転がらないよう、離れたところでドングリを転がしましょう。（P.169 参照）

アレンジ

お池にはまって

画用紙に池を描き、すべり台の下にはります。ドングリを転がし、池でとまったら「お池にはまってさあ大変」とうたい、「ドングリ君、大丈夫？」と言ってドングリを助けます。

0歳

自然

室内

外

0歳

枯れた落ち葉の色や形に興味をもちます

ここまでおいで！

1~5人

主に育つ非認知能力
- 信頼感
- 共感性
- 達成感
- 自尊心

冬　室内

準備

- 枝つき落ち葉

あそび方

1 子どもの前方で、「ここまでおいで！」と声をかけ、落ち葉を動かす。

2 子どもが保育者のところまで来たら、「上手ね！」と声をかけ、落ち葉を一緒に触ったり、カサカサする音を楽しむ。

あそびのPoint!
落ち葉を動かす際、カサカサする音に強弱をつけましょう。

ここまでおいで！

アレンジ

ブーケのように飾る

保育者は落ち葉を束ね、洗濯ばさみでとめる。保育室にひもをはり、吊るして飾ります。

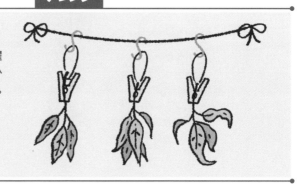

⚠ 落ち葉や落ち葉を触った手を子どもが口に入れないよう注意し、見守りましょう。（P.169 参照）

0歳

マツボックリの感触や振り子の動きから想像を膨らませます

ブーラン マツボックリ

1人~

主に育つ非認知能力
- 信頼感
- 共感性
- 探究心
- 好奇心

冬 / 室内

準備

- マツボックリ
- 毛糸

あそびの Point!

子どもが揺れるマツボックリをつかめるように、マツボックリを子どもの目線に合わせて、ゆっくりと揺らします。あそび終わったマツボックリは部屋に飾りましょう。

あそび方

1 子どもがマツボックリを触り、ゴツゴツした感触を楽しむ。

2 保育者は毛糸をマツボックリに結び、「ブーラン、ブーラン」と言いながら振り子のように振って見せる。

アレンジ

マツボックリの気持ち

保育者は「ブーラン、ブーラン〇〇ちゃん」と声をかけ、子どもの体をやさしく、揺れるマツボックリに見立て揺らします。

ブーラン ブーラン

⚠ マツボックリやマツボックリを触った手を子どもが口に入れないよう注意し、見守りましょう。(P.169参照)

177

1歳

花や葉っぱに親しみ、植物に興味をもちます

春の花みち

1〜6人

主に育つ非認知能力
- 主体性
- 探求心
- 感性
- 好奇心

春 外

準備

事前に草花であそべる場所を調べておく。

あそび方

かわいい
お花だね

あ！

あそびの Point!

子どもが持ってくる花の名前をわかる範囲で知らせます。春の花みちができあがったら、みんなで歩きます。

＼ 春の花みちを
作るよ〜！ ／

1 保育者が「みんなで春の花みちを作ろう」と声をかけ、子どもと草花を探す。

2 保育者は地面に目印の線を引き、子どもは見つけた草花を並べる。

アレンジ

葉っぱはあっち、花はこっち

葉っぱや花に慣れてきたら、タンポポの花と葉っぱだけを並べたり、色やテーマを決めて並べ替えたりします。

⚠ 花や葉っぱを触った手を子どもが口に入れないよう注意し、見守りましょう。（P.169 参照）

あそびアイデア 須貝京子

1歳

虫などの生き物に興味・関心をもちます

ダンゴムシこんにちは

1~6人

主に育つ非認知能力
- 想像力
- 探求心
- 気づき
- 好奇心

春　外

準備

事前にダンゴムシがいる場所を調べておく。

あそび方

ダンゴムシに会いに行こう！

あそびのPoint!
「ダンゴムシ！ ダンゴムシ！」と繰り返すだけで、子どもは楽しくなります。ダンゴムシに慣れたら、つついて丸まった姿を見せます。

ダンゴムシ ダンゴムシ

1 子どもはダンゴムシの図鑑や絵本などを見て想像を膨らませる。保育者が「これからダンゴムシに会いに行こう」と声をかける。

2 ダンゴムシを見つけたら、「ダンゴムシこんにちは」と挨拶する。

アレンジ

みんなで観察

飼育ケースにダンゴムシを入れて持ち帰り、生態を観察します。

⚠ ダンゴムシやダンゴムシを触った手を子どもが口に入れないよう注意し、見守りましょう。（P.169 参照）

あそびアイデア 須貝京子

1歳

ボールを探したり、見つけたりすることを楽しみます

野原でボール宝探し

2~8人

主に育つ非認知能力
- 達成感
- 探求心
- 好奇心

夏　外

準備

- 新聞紙を丸めたボール（3〜4個）
- 箱

あそび方

あそびのPoint!
ボール宝探しをしながら、土の柔らかさや草の匂いを体感する時間を大事にします。ボールは子どもの目につきやすく、手の届く高さに隠します。

ボールを探そう

1 保育者は外にボールを隠し、「ボールを探そう」と声をかける。

2 「ボールはどこかな〜？」と声をかけ、子どもは見つけたら箱に入れる。

アレンジ

ボールを数えよう

ボールが集まったら、玉入れの数を数えるように「いーち！ にーい！ さーん！」とボールを高く投げて数えます。子どもと喜びを共有します。

いーち

1歳

自然

室内

外

主に育つ非認知能力
- 感性
- 好奇心
- 探求心
- 気づき

水に親しみ、水面に浮かぶ積み木の動きに興味をもちます

1歳 水に浮く積み木

2~6人

夏 / 室内 / 外

準備

- 水
- じょうろ
- 大きなタライ
- スチロール片

あそびの Point!

水に触れて気持ちよくなったら、水の中で積み木を動かしながら力加減を調節します。

あそび方

浮かぶ積み木だよ

ぶくぶく〜

1 保育者がじょうろでタライに水を注ぐ。子どもは水の注がれる音や様子を見て、タライの中の水に触る。5cmくらいの深さになったら、保育者は四角く切ったスチロール片を「浮かぶ積み木だよ」と子どもに渡す。

2 子どもは積み木を水に浮かべたり重ねたり、ぐるぐるかき回してあそぶ。

アレンジ

水上タワー

保育者が水の上にスチロール片を1個ずつ重ねます。子どもは高く積み上げられる様子を楽しみます。

わぁ〜

どうだ〜！

⚠ タライの水を子どもが飲まないよう注意し、見守りましょう。（P.169 参照）

1歳

ドングリが落ちる音ってどんな音？

ドングリポットン

4~6人

主に育つ非認知能力
● 観察力
● 好奇心
● 探求心
● 気づき

秋 / 室内 / 外

準備

● ドングリ
● ペットボトルの容器
● 折り紙（2cm四方に切り、三角に折る）※色が見えるように折る

あそびの Point!

ペットボトルの容器にドングリを入れて、ふたをしたら「ドングリポットン」と名づけ親しみやすくします。ドングリが落ちたり、振ったりしたときの音を子どもがどう感じているか反応を見ながらゆっくり進めます。

あそび方

ドングリ ポットン！

1 「ドングリ入れるよ」と声をかけ、ペットボトルの容器にドングリを入れる。ドングリの落ちる音が聞こえたら「ドングリポットン」と、ふたをして振って音を楽しむ。

2 「友達の三角折り紙を入れます」と言って折り紙を入れる。子どもに何回か振って見せてから床に転がす。

アレンジ

ドングリポットン のおさんぽ

紙袋を逆さまにして置き、家に見立てます。ドングリポットンを転がし、家の近くで止まったら「こんにちは」と声をかけます。転がすところから繰り返してあそびます。

こんにちは

ピタ　ゴロゴロ

1歳

秋を全身で感じるあそびです

もみじシャワー

1~6人

主に育つ非認知能力
● 共感性
● 好奇心
● 身体感覚
● 気づき

秋 / 外

準備

● もみじ

あそびの Point!

子どもの反応を見て、少しずつ落ち葉に慣れるようにします。もみじを高く舞い上がらせ、舞う様子を見ます。

あそび方

1 もみじを集める。

いっぱい 集まったね

うん

シャワーだよ！

2 「シャワーだよ！」と声をかけ、もみじを子どもの頭の上から、たくさんかける。

アレンジ

もみじふとんセット

もみじをポリ袋にたっぷり入れ、枕やふとんを作ります。ブルーシートの上に置いて、寝転がります。

⚠ 落ち葉を触った手を子どもが口に入れないよう注意し、見守りましょう。（P.169 参照）

1歳

自然

室内

外

1歳

色や形にも興味をもち、落ち葉を集める過程を楽しみます。

落ち葉ボール

1~6人

主に育つ非認知能力
● 感性
● 好奇心
● 身体感覚
● 気づき

冬 外

準備

● 落ち葉
● ポリ袋

あそびの
Point!

落ち葉を集めながら、色や感触、匂いを楽しみます。

あそび方

1 落ち葉をたくさん集めて、ポリ袋に入れる。

2 ポリ袋の口を結んで落ち葉ボールを作る。軽くほうり投げたり、転がしたりする。

アレンジ

もみもみ、カサカサ

落ち葉ボールをもみ、感触や音を楽しみます。

カサカサ

⚠ 落ち葉を触った手を子どもが口に入れないよう注意し、見守りましょう。（P.169 参照）

1歳

自分が拾った自然物であそぶ楽しさに気づきます

マツボックリとあそぼう

1~6人

主に育つ非認知能力
- 観察力
- 好奇心
- 探求心
- 気づき

冬　室内　外

準備
- マツボックリ
- 空き箱

あそびの Point!

子どもが楽しめるよう、保育者が「おしくらまんじゅう」を明るくゆっくりうたいます。

あそび方

たくさん集めたね

おしくらまんじゅうしているね

1 マツボックリを集めて転がしたり、並べたりする。

2 マツボックリを空き箱に入れ、子どもが揺らしてあそぶ。保育者が「おしくらまんじゅうしているね」と声をかける。

アレンジ

マツボックリと一緒

マツボックリに毛糸を巻きつけて結び、子どもが犬のように引いてさんぽします。

⚠ ひもが子どもの首に巻きつかないよう注意し、見守りましょう。（P.169 参照）

1歳　自然　室内　外

2歳

草花の色や形から想像を広げます

春色のジュース

1~10人

主に育つ非認知能力
● 想像力
● 好奇心
● 観察力
● 気づき

春　外

準備

● 透明カップ
● 春の草花
● 水（ペットボトルなどに入れて）

あそびの
Point!

保育者は「赤いのがあるね」など、色や形、感触、匂いなどに子どもが気がつくよう声をかけ、自然物を集める過程を楽しみます。

あそび方

春色のジュースを
作ろう！

1 保育者が「春色のジュースを作ろう！」と子どもに声をかけ、透明カップを渡す。

2 子どもはお気に入りの草花を透明カップに入れる。保育者が水を半分ほど注ぐ。

アレンジ

いらっしゃいませ

ジュース屋さん

春色のジュースを並べて、ジュース屋さんごっこをします。

⚠ 草花を触った手や作ったジュースを子どもが口に入れないよう注意し、見守りましょう。（P.169参照）

2歳

虫などの生き物に興味・関心をもちます

アリさん どこだ?

1~10人

主に育つ非認知能力
- 共感性
- 好奇心
- 観察力
- 気づき

春　室内　外

準備

事前にアリがいる場所を調べておく。

アリさんを探しに行こう

あそびの Point!
無理強いせず、子どもの反応に合わせアリを観察します。

アリさんがいたね

あそび方

1 子どもはアリの図鑑や絵本などを見て想像を膨らませる。保育者が「アリさんを探しに行こう」と声をかける。

2 「アリさんどこだ?」「アリさんがいたね」などと話しながら、一緒に探す。

アレンジ

アリさんは何しているのかな?

飼育ケースにアリを入れて持ち帰り、生態を観察します。「おつかいありさん」などイメージが広がる歌をみんなでうたいます。

2歳

水に触れる心地よさを味わいます

キラキラ水すくい

1人~

主に育つ非認知能力
- 感性
- 好奇心
- 探求心
- 気づき

夏　室内　外

準備

- 水
- タライ
- 紙パック（高さ約10cm）
- ゼリーやプリンの容器

あそびの Point!
水の心地よさを感じながら、道具を使うおもしろさや水をどのように手ですくうかなど試行錯誤します。

あそび方

1 保育者はタライに水をはり、紙パックを置く。子どもがゼリーなどの容器で水をすくい、紙パックに入れる。

2 子どもは両手だけでなく片手で水をすくうことにも挑戦する。

アレンジ

キラキラもすくっちゃおう

1cm四方に切ったスズランテープを水にパラパラと入れます。水面でキラキラ光る様子を楽しみながら、すくって紙パックに入れましょう。

⚠ タライの水を子どもが飲まないよう注意し、見守りましょう。（P.169 参照）

2歳

虫などの生き物に興味・関心をもちます

セミさん　どこだ？

1~10人

主に育つ非認知能力
- ● 観察力
- ● 好奇心
- ● 探求心
- ● 気づき

夏 / 室内 / 外

準備

- ● 事前にセミの抜け殻や動かないセミのいる場所を調べておく
- ● ポリ袋
- ● 箱

あそびのPoint!
無理強いせず、子どもの反応に合わせてセミを観察します。

セミさんに会いに行こう！

あそび方

1 子どもはセミの図鑑や絵本などを見て想像を膨らませる。保育者が「セミさんに会いに行こう！」と声をかける。

\セミ！/

2 セミの鳴き声を聞きながら、セミの抜け殻や動かなくなったセミを探し、ポリ袋に入れる。

アレンジ

セミさんのお世話

ティッシュペーパーをふとんに見立て、セミにかけ「おやすみなさい」「おはよう」などごっこあそびをします。

3 セミや抜け殻を箱の中に並べて、セミのおうちにする。

⚠ セミやセミの抜け殻を触った手を子どもが口に入れないよう注意し、見守りましょう。（P.169 参照）

あそびアイデア　須貝京子

2歳

秋の自然を感じながら、友達とのやりとりを楽しみます

ドングリ　どっちの手

2人〜

主に育つ非認知能力
● 想像力
● 好奇心
● 探求心
● 気づき

秋　室内　外

準備

● ドングリ

あそびの Point!
ドングリを握る子どもは時々、交代します。

あそび方

1 ドングリを握る子どもと当てる子どもに分かれる。

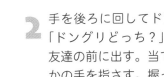

2 手を後ろに回してドングリを握ったら、「ドングリどっち？」と言って、両手を友達の前に出す。当てる子どもはどちらかの手を指さす。握っている子どもが両手を開いて確かめる。

アレンジ

ドングリ、乗せて！

手を開いてドングリを落とす子ども、手に受ける子どもに分かれます。ドングリを落としたり手に乗せたりを楽しみます。

⚠ ドングリを触った手を子どもが口に入れないよう注意し、見守りましょう。（P.169 参照）

あそびアイデア　須貝京子

2歳

自分で集めた自然物で作るおもしろさを味わいます

砂場のジャンボケーキ

1〜10人

主に育つ非認知能力
● 感性
● 好奇心
● 協調性
● 気づき

秋　外

準備

● 砂や土
● 落ち葉
● 木の実
● 花
● 小枝

あそびの Point!
友達と力を合わせて作るのを楽しみます。砂や土に触れるのが苦手な子どもは無理に誘わず、あそぶうちに少しずつ楽しくなるのを待ちましょう。

あそび方

1 砂や土を固めてケーキの土台を作る。

2 集めた自然物を自由に飾る。

アレンジ

ケーキをアレンジ

トンネルを掘ったり、山を盛ったりして自由にアレンジしてあそびます。

⚠ 土や砂を触った手を子どもが口に入れないよう注意し、見守りましょう。（P.169 参照）

2歳

自然

室内

外

2歳

落ち葉の色や形に興味をもちます

落ち葉カサコソ隊

1〜10人

主に育つ非認知能力
● 感性
● 好奇心
● 探求心
● 気づき

冬 外

準備

● ポリ袋（大）

あそびの
Point!

カサコソ音がする場所を探すことを楽しみます。見つけられなくても気にしないで。見つかるまでの経過を大切にします。

あそび方

1 子どもが落ち葉の上を歩いて、カサコソと音がすることを確かめる。

2 カサコソ音がしたら、落ち葉を集めてポリ袋に入れる。さらにカサコソ音がする場所を探す。

アレンジ

落ち葉をまいたら

カサコソ隊で見つけた落ち葉をまき、落ち葉のじゅうたんを作ります。

⚠ 落ち葉を触った手を子どもが口に入れないよう注意し、見守りましょう。（P.169 参照）

2歳

自然物の色や形からあそびの想像を広げます

ゆらゆらマツボックリ

1~10人

主に育つ非認知能力
● 観察力
● 好奇心
● 感性
● 気づき

冬 室内 外

準備

● マツボックリ
● 新聞紙を丸めた棒
● 毛糸

あそび方

マツボックリに毛糸を結び、新聞紙の棒に毛糸で約10個吊るし保育者が持つ。子どもはマツボックリに触れないようにくぐり抜ける。

あそびの Point!

子どもがくぐる際、マツボックリを揺らします。揺らすテンポを遅くしたり、小刻みにしたりしてマツボックリの動きに変化をつけます。

2歳

自然

室内

外

アレンジ

もっとゆらゆら

マツボックリの吊るし棒をもう1本増やし、子どもが長くゆらゆら揺れるマツボックリの下をくぐって、あそべるようにします。

清潔な環境とキレイ習慣で感染症を予防！

子どもが集団で生活する中で、感染症は避けて通れません。また、ちょっとした風邪などは、かかることで免疫力をつけられます。しかし、インフルエンザなどの重篤な感染症の流行は避けたいものです。そこで、感染症を予防するヒントをご紹介します。

感染症が特に増えるのは空気が乾燥する冬の時季です。まず、子どもが過ごす室内の環境を整えましょう。暖房で適温にし、加湿器を使って湿度を50％前後に保ちます。定期的な換気（1時間に1回窓を開けるなど）も不可欠です。

外遊びから帰ったらすぐに手洗い。2歳後半ごろからはうがいもできるので、手洗いうがいを終えてから室内に入る動線を工夫しましょう。小さな子どもはマスクをつけませんが、咳エチケットは伝えたいものです。

また、清潔にする心地よさは0歳のころから伝えます。沐浴や鼻かみ、手洗いの前後に「汗を流そうね」「きれいにしようね～」「さっぱりして気持ち良いね」、着替えの後に「きれいな服だと気持ち良いね」など、清潔にする心地よさを言葉をかけ繰り返し伝えます。

保育者自身もこまめに手洗いや消毒をし、子どもが汗をかいたら着替えさせ、食後は口の周りを拭く、特に顔の汚れはすぐにきれいにするなどを心がけましょう。

保護者とも連携し、清潔な服やタオルを多めに用意してもらいましょう。また、子どもの体調は急変します。登園時には元気でも、数時間後には発熱することも多いでしょう。感染症を広めないために、保護者の緊急連絡先もこまめに確認する必要があります。

コラム

表現を楽しむ

音楽&シアター あそび

音楽に合わせて手や体を動かしたり、うたったりする手あそびや歌あそびから、
子どもの想像が膨らむパネルシアターまで。
理屈なしで楽しめるのが音楽&シアターあそびです。
子どもが豊かな表現を身につけられる時間をつくりましょう。

⚠ 安全に関する注意事項 ⚠

全てのあそびは、保育者が見守る中で行うことを想定しています。以下の点や各あそび
の注意事項と扱う素材や道具、あそぶ場の環境、子どもの様子をよく確かめ安全に配慮
しましょう。

誤飲・誤嚥・誤食について
楽器についていた鈴がはずれるなど小さ
なものは、子どもが口の中に入れ窒息の
原因になる可能性があります。保育者は
道具や素材の数や場所を常に把握し安全
な環境を整え、子どもの手や口の動きに
注意し、見守りましょう。

ひもの巻きつきについて
楽器についた長さのあるひも状のものは、
子どもの手指や首、体に強く巻きつき、
ケガや窒息の原因になる可能性がありま
す。保育者は子どもの様子を常に確かめ
注意し、見守りましょう。

楽器のメンテナンスについて
持つところがはずれやすくなっていたり、
とび出している部分などがあれば、ケガ
の原因になるので、保育者は事前にガタ
つきやはずれ、緩みなどをチェックして
から子どもに渡しましょう。

音楽&シアター
あそびを始める前に

音楽やシアターあそびは、子どもが理屈なしで楽しめ、感性を育みます。友達と一緒にうたったり体を動かしたりして、豊かな表現力を引き出しましょう。

⚠安全にあそびを楽しむために

保育室の音環境を整えます。様々な音が反響して混ざり合うと、選んだ音だけを聞き取ることができない子どもには、聞くべき声や音が聞き取れなくなります。ウレタン素材のマットやカーペット、柔らかい素材のぬいぐるみやクッションなどを置いて反響音を減少させます。

1対1で

0・1・2歳児は、集団でなく1対1で関わることが基本です。保育者と向き合って肉声でうたってもらうことを子どもは楽しみます。保育者はあそびに入る前にピアノで曲を弾くなど音程とリズムを正しく覚えてから子どもの前で歌うことを心がけてください。手あそびや歌あそびの導入は、会話から自然に歌につなげると、知らず知らずのうちにあそびを覚えられます。

テンポは子どもの動きに合わせて

楽譜の上に♩=100などと記されるのが曲のテンポです。0・1・2歳児は子どもの動きを優先し、動作にテンポを合わせます。子どもの動作がゆっくりな場合は、保育者もゆっくり歌い、音楽あそびを楽しめるようにします。

発達に合わせて

生後0〜2か月児は、言葉でコミュニケーションできませんが、保育者の顔をじっと見つめるので、声をかけながら触れあえるあそびを。3〜5か月児は、首がすわりものを握り始めるので音が鳴るおもちゃなどがおすすめです。6〜10か月児は、はいはいをするようになり、自分の名前に反応するので歌の前後や途中などに名前を呼びます。11か月〜1歳児は、立って歩き、身近なあそびを模倣できるので、動きの大きい手あそびを。2歳児は、集団でやりとりできる歌あそびを取り入れます。

機嫌のよいときに誘う

どんなにすぐれたあそびでも、子どもに無理にすすめることはマイナスです。特に離乳食前の乳児は、機嫌よく過ごしているときを逃さずにうたいかけます。このとき、歌に合わせて子どもの体をポンポンやさしく叩きます。1歳を過ぎると自我が強くなり、急に顔を触ると嫌がる場合もあります。子どもの動きをよく観察し、楽しくあそびに誘いましょう。

子どもに伝える抑揚のある声

子どもにうたいかける場合は、抑揚を豊かにつけましょう。母親の声でも大人同士で会話をする平坦な声よりも、自分に話しかけてくれる抑揚のある声に注意を向けます。

大きな音は短い時間で

繊細な子どもの耳は、大人と比べて大きな音に弱いものです。長時間大きな音を聞き続けると、内耳にダメージを受ける場合があります。音の大きな楽器の使用は短時間にします。

わかりやすい歌を選ぶ

子どもにわかりやすい言葉の歌詞を重視します。0歳児には、聞き取りやすく、まねしやすい言葉が入っているとよいでしょう。また、息つぎが自然にできる、音域が広すぎない、メロディーの飛躍が大きすぎない、なども確かめましょう。

楽器と自由に触れあう

楽器を難しいものではなく、「おもしろい音が出る」「触ると楽しい」と感じられるように、自由に触って楽しみます。子ども用の楽器や手作りの楽器、音の出るおもちゃなどを用意して、子どもの選択肢を広げましょう。楽器をそろえる際には、子どもの手の大きさに合っているものを選ぶことも大切です。

仕掛けの操作はゆっくりと

仕掛けのあるパネルシアターやペープサートの場合、子どもが目で十分に追えるよう操作をゆっくり行います。一瞬とめて子どもを見回してから動かす「ため」も有効です。そうすると、子どもは「次は何が起こるのだろう？」と、わくわくしながらシアターの世界に入り込めます。

ペープサートのすすめ

ペープサートは、朝や帰りの集まり、活動の導入に最適です。お話に合わせて自由に動き、楽しい仕掛けいっぱいのペープサートは、子どもの注目を集め、興味を引きます。演じ終わった後、子どもの気持ちが1つになるので、保育者は次の活動を伝えやすくなります。また、季節・行事に関連した作品を演じて、子どもの想像力を刺激したり、広げたりすることができます。行事の由来を話したり、関連した製作あそびにつなげるなど、活動を展開させましょう。

パネルシアターは事前に準備

パネルシアターは、まず練習を通して、演じ方の確認やタイミングを把握します。ステージとボードの高さも、子どもが見る位置から確かめ、調整します。保育者から見えると思っても、実際に子どもが座った席からは見にくいこともあります。絵人形をはる際は、保育者が立つ位置から遠い順にはります。はったり、はがしたり仕掛けがある際には子どもの興味を引くよう声をかけます。笑顔で子どもと一緒に楽しみましょう。

子どもも参加できる演出で

保育者が話を進めるだけでは、子どもが飽きる場合もあります。話の中に簡単な歌を取り入れたり、かけ声の場面を繰り返し設けたり、ゲームやクイズ形式にしてみたり。子どもも参加できる工夫を演出に取り入れ、シアターをみんなで盛り上げましょう。

0歳

保育者とのスキンシップを楽しみます

だいすき たまごちゃん

歌あそび

主に育つ非認知能力
- 信頼感
- 好奇心
- 身体感覚
- 共感性

室内

準備

子どもをあおむけにして、足を少し曲げさせる。

あそびの Point!

始めはゆっくりとしたテンポで、やさしくうたいます。リズミカルな言葉や動きのふれあいを楽しみます。

あそび方

❶ コロコロコロコロ たまごちゃん

保育者が子どもの体を左右にゆっくり揺らす。

❷ なーで、なーで

頭をなでる。

❸ ギュッギュッギュー

肩から腕をさすって、やさしくにぎる。

❹ つんつんつん つん つんつん

体を指先でつつく。

❺ あ！ うまれた〜

やさしく抱きかかえる。

アレンジ

すわってギュッ

おすわりができる子どもは、保育者の足の上で行います。

歌入り　メロディーのみ

https://kdq.jp/012ha01o
https://kdq.jp/012ha01x

♪だいすき たまごちゃん　[作詞・作曲・振り付け 萩原里実]

コ ロ コ ロ　コ ロ コ ロ　た ま ご ちゃ ん　　な で な で

ギュッ ギュッ ギュー　コ ロ コ ロ　コ ロ コ ロ　た ま ご ちゃ ん

つ ん つ ん　つ ん　　つ ん つ ん　つ ん　　あ！　う ま れ た　ー

0歳

大きな布を使いスキンシップを楽しみます

うえからしたから

歌あそび

主に育つ非認知能力
● 信頼感
● 好奇心
● 想像力
● 共感性

室内

準備

● 薄手のバスタオル、または、オーガンジーの布など

あそびの Point!
布を動かした際の風が、子どもの頭や顔に当たるようにすると、より盛り上がります。

あそび方

❶ うえからしたから　おおかぜ
　　こい　こいこいこい

保育者が2人で子どもの頭の上に布をひらひらさせる。

❷ いないいない

布を子どもの頭まで下げる。（軽く触れる程度）

❸ ばあ

1人の保育者が布を引き上げる。（もう1人は手を離す）

アレンジ

自分で、ばあ

子どもをあおむけにして、「いないいない」でバスタオルを全身にかけます。「ばあ」のあと、「出られるかな〜？」と声をかけ、子どもが自分でタオルをとり顔を出すよううながします。

♪うえからしたから　[わらべうた]

う　え　から　した　から　おお　かぜ　こい　　　こい　こい　　こい

あそびアイデア 萩原里実

1歳 保育者と一緒に動き、まねすることを楽しみます

ブランコゆらり

歌あそび

主に育つ非認知能力
- ● 信頼感
- ● 好奇心
- ● 意欲
- ● 共感性

室内 / 外

あそび方

❶ ブランコゆれて　ゆらゆら　ゆらり
ブランコゆれたら

保育者は子どもと向き合って手をつなぎ、腕を揺らす。

❷ はっ！

保育者はびっくりした表情をする。

あそびの Point!
子どもの表情を見ながら、明るく元気にうたいます。リズムに乗る楽しさを経験します。

❸ かぜがきた〜

子どもをくすぐる。

アレンジ

風のおに

保育者がおに役です。子どもと手をつないで輪になり、「かぜがきた」で手を離し、子どもをくすぐりに追いかけます。

コチョコチョ

歌入り　メロディーのみ

https://kdq.jp/012ha03o
https://kdq.jp/012ha03x

♪ **ブランコゆらり**　［作詞・作曲・振り付け 萩原里実］

♩=95

F　　　　　　Gm　　　C7　F　　　　　　C7　　　　F

ブランコゆれて　ゆらゆらゆらり　ブランコゆれたら　は！　かぜがき　た

2歳 子どもが喜ぶ大きな振りの歌あそびです
わになりランラン

歌あそび

主に育つ非認知能力
● 信頼感
● 好奇心
● 充実感
● 共感性

室内 / 外

あそび方

❶ ランランラン　ランランラン　おどろうよ
　 ランランラン　ランランラン　うたおうよ

あそびの
Point!
手を叩いてリズム
を打つ楽しさを味
わいます。

❷ てをたたいて　とんとんとん

子どもが時計回りと反時計回りを交互に歩く。

歩くのをやめて、手を叩く。

❸ ぎゅ～　スタート

再び手をつなぎ、お互いにひっぱり合い、立てなくなった子どもが出たらおしまいにする。

アレンジ

1対1で手をつないで

向かい合って手をつなぎます。「なべなべそこぬけ」の歌に合わせ、手をつないだまま後ろを向き、また元の向き合う状態に戻ります。ずっと手をつないでできるかな？

歌入り　　メロディーのみ

https://kdq.jp/012ha04o
https://kdq.jp/012ha04x

♪わになりランラン　[作詞／作曲／振り付け 萩原里実]

♩= 130

ランランラン　ランランラン　おどろうよ　ランランラン　ランランラン　うたおうよ

てーをーたたいて　とん　とん　とん　　「ぎゅ～」　　「スタート」

1歳
2歳
音楽
室内
外

0歳 保育者とのスキンシップを楽しみます

いないいないばあ

手あそび

室内

主に育つ非認知能力
- 信頼感
- 好奇心
- 観察力
- 共感性

あそび方

❶ タンタンタン

保育者が3回手を叩く。

❷ いないいないばあ

両手で顔を隠したあと、「ばあ」で出す。※❶〜❷を1回繰り返す。

❸ ぐるぐるぐるぐる つんつんつん

胸の前で腕を回し、ほおをつつく。

❹ いないいないばあ

両手で顔を隠したあと、「ばあ」で顔を出す。

あそびの Point!

「いないいないばあ」の際、子どもの顔の近くで顔を出すと、子どもが喜ぶでしょう。

アレンジ

布をひらひら

「タンタンタン」の際、顔の前で布をひらひらさせます。「いないいないばあ」で布を子どもの頭にかぶせ、「ばあ」で布をとります。

歌入り　メロディーのみ

https://kdq.jp/012ha05o
https://kdq.jp/012ha05x

♪ **いないいないばあ** ［作詞・作曲・振り付け　萩原里実］

♩=105

タン　タン　タン　　いない　いない　ばあ　　タン　タン　タン　　いない　いない　ばあ

ぐ　る　ぐ　る　ぐ　る　ぐ　る　　つん　つん　つん　　いない　いない　ばあ

1歳

保育者とのスキンシップを楽しみ、想像力が育ちます

いろんな おかお

手あそび

主に育つ非認知能力
- 信頼感
- 好奇心
- 身体感覚
- 共感性

室内

あそび方

❶ ててて

手を叩く。

❷ かたかたかた

肩を叩く。

❸ おなかとおしり

おなかとおしりを叩く。

❹ かくれんぼ

両手で顔を隠し、「ぼ」で顔を右に出す。

❺ どこかな

両手で顔を隠し、「な」で顔を左に出す。

❻ ニコニコのかお　ばあ

両手で顔を隠し、「ばあ」で笑顔を出す。

アレンジ

にらめっこで、どんな顔

保育者は子どもと向かい合い、両手から顔を出す際に、にらめっこをします。どちらか笑ったほうが負けのあそびです。

あそびのPoint!

両手から顔を出す際には、怒ったり悲しんだり様々な表情を見せます。子どもの期待感が高まるでしょう。

歌入り

メロディーのみ

https://kdq.jp/012ha06o
https://kdq.jp/012ha06x

0歳

1歳

音楽

室内

外

♪いろんな おかお　[作詞・作曲・振り付け 萩原里実]

♩= 120

F　　　Gm　　　C7　　　F

て て て　かた かた かた　お な か と　お しー り

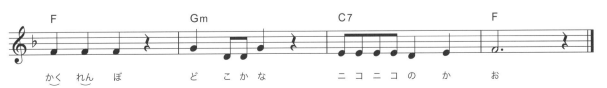

F　　　Gm　　　C7　　　F

かく れん ぼ　ど こ かな　ニ コ ニ コ の か お

あそびアイデア 萩原里実

1歳 とんかち指さん

絵本やシアターの導入前におすすめの手あそびです

手あそび

主に育つ非認知能力
- 信頼感
- 好奇心
- 充実感
- 共感性

室内

あそび方

❶ とんとん　とんかち　とんとんとん

5本の指で叩く。

❷ ごほんのゆびで

5本の指を見せる。

❸ とんとんとん

もう一度、5本の指で手を叩く。
※❶〜❸を4本指、3本指、2本指、1本指にして繰り返す。

あそびのPoint!

繰り返しが多いので、子どもが何度も挑戦できます。だんだんうたう声を小さくすると子どもが静かになり、話を聞く心の準備ができます。

❹ とんとん　とんかち　とんとんとん

手をグーにして叩く。

❺ ぜろほんの指で

グーを見せる。

❻ とんとんとん

もう一度、手をグーにして叩く。

アレンジ

いろいろな とんとんとん

0本の指から始めます。「〇〇ほんのゆびで」の部分では、「みぎのかたを」や「あたまのうえで」「おしりのうしろで」などに替えてあそびます。

歌入り　メロディーのみ

https://kdq.jp/012ha07o
https://kdq.jp/012ha07x

♪とんかち指さん　[作詞・作曲・振り付け　萩原里実]

とん　とん　とん　かち　とん　とん　とんとん　　ごほ　ん　のゆ　び　で　とん　とん　とん

2歳 子どもに問うとバリエーションが豊かになります！

みんなのクレープ

手あそび

主に育つ非認知能力
- 信頼感
- 好奇心
- 創造力
- 共感性

室内

あそび方

❶ きょうはクレープ なにつくろう

手を叩きながらうたう。

❷ イチゴに メロンに パイナップル

鼻をさす。 → 目をさす。 → 両手を頭に置く。 → 両手を立てる。

❸ みんなは なにを いれたいの？

チョコ

❶を繰り返してから、保育者は手をグーにしてマイクに見立て、子どもにたずねる。

❹ ○○○

チョコ

❶を繰り返してから、子どもが答えた具材をうたう。

❺ くるくるくるくるまぜて

胸の前で腕を回す。

❻ みんなでそろって いただきます

手を叩いてから、「いただきます」のポーズ。

あそびのPoint!
子どもから言葉を引き出し、オリジナルクレープを作ります。

アレンジ

クレープ記憶チャレンジ

クレープに入れる具材をどんどん増やし、いくつ覚えられるか挑戦します。

歌入り　メロディーのみ

https://kdq.jp/012ha08o
https://kdq.jp/012ha08x

1歳
2歳
音楽
室内
外

♪みんなのクレープ　[作詞・作曲・振り付け 萩原里実]

♩ = 120

1.~3.きょう は クレー プ なに つく ろう

イチ ゴに メロンに パイ ナッ プル
みん な は なにー を いれ たい の
（子どもから出てきた食べもの）

くる くる くる くる まぜ て みん な で そろ って いた だき ます

O歳

子どもの音の世界が広がります

おもちゃのマーチ

楽器

主に育つ非認知能力
● 信頼感
● 好奇心
● 充実感
● 共感性

室内

準備

● 鈴
● タンブリン
● 太鼓
● カスタネット
　など

あそびの Point!
ゆるやかなメロディーでうたいかけ、子どもがリズムに乗れるようにします。

あそび方

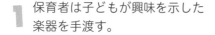

1 保育者は子どもが興味を示した楽器を手渡す。

2 保育者は子どもの手を支え、ゆっくりリズムに合わせて動かす。

♪おもちゃのマーチ　[作詞 小田島樹人／作曲 海野厚]

1.やっとこ やっとこ くりだし た おもちゃの マーチが ラッ タッ タ
2.やっとこ やっとこ ひとまわり キューピ も ぽっぽも ラッ タッ タ

にんぎょうの へいたい せいぞろ い おうまも こいぬも ラッ タッ タ
フランス にんぎょうも とびだし て ふえふきゃ たいこが パン パラ パン

いちばんぼしリンリン

0歳

自分で音を鳴らすことから、音への探求心を育てます

楽器

主に育つ非認知能力
- 信頼感
- 好奇心
- 探求心
- 共感性

室内

準備

- 鈴やマラカスなど、振ると音が鳴る楽器

※サンタのマラカス（P.49参照）のような手作り楽器も可。

あそびの Point!
繰り返しうたえる歌です。子どもの様子に合わせて進めます。

あそび方

1 保育者が歌に合わせ楽器を振り、子どもの興味を引くように音を鳴らす。

2 子どもが自由に楽器であそぶ。

歌入り 　メロディーのみ

https://kdq.jp/012ha10o
https://kdq.jp/012ha10x

♪いちばんぼしリンリン　［作詞・作曲　萩原里実］

0歳

音楽

室内

外

1歳

子犬の鳴き声をタンブリンで表現します

こいぬと踊ろう

楽器

室内

主に育つ非認知能力
- 信頼感
- 好奇心
- 探究心
- 共感性

準備

● タンブリン

あそび方

あそびのPoint!
3拍子でリズミカルに、叩き方を工夫しながら音に強弱をつけます。

わんわんわん

1 保育者がタンブリンを叩きながら、子犬の鳴き声のまねをする。子どもの顔の横で叩くなど、叩くたびにタンブリンの位置を変え、わんぱくな子犬を表現する。

たんたんたんたん

2 歌に合わせ、タンブリンを子どもと一緒に叩く。指や手のひら、グーなどを使って様々な叩き方で音を鳴らす。

歌入り　メロディーのみ

https://kdq.jp/012ha11o
https://kdq.jp/012ha11x

♪こいぬと踊ろう　[作詞・作曲 萩原里実]

♩= 100

F　　　　　　　　　　　　　C7　　　　　　F

わん　わん　わん　こい　ぬ　が　たん　たん　たん　たん

F　　　　　　　　　　　　　C7　　　　　　F

あっ　ちに　も　そっ　ちに　も　たん　たん　たん　たん

C7　　　　　　　　　　　　　　　　　　　F

わん　わん　わん　わん　わん　わん　たん　たん　たん　たん

2歳

音で表現する創造力が育ちます

とけいのマーチ

楽器

主に育つ非認知能力
- 創造力
- 好奇心
- 想像力
- 共感性

室内

準備

- ミニシンバル
- カスタネット
- ウッドブロック
  など

あそび方

1 保育者は、歌の始まりにミニシンバルを鳴らしメリハリをつける。

2 「とけいがカチカチ」で音を鳴らさず、指で時計の針を表現する。

あそびの Point!
音を鳴らしたり、鳴らさなかったり変化のある演奏にして音楽性を出します。

3 音を鳴らす際には、子どもに近寄る。

歌入り　　メロディーのみ

https://kdq.jp/012ha12o
https://kdq.jp/012ha12x

1歳

2歳

音楽

室内

外

♪とけいのマーチ　[作詞・作曲 萩原里実]

♩=120

D　Em　D　　D　Em　D　D7

とけいが カチカチ　トン トン トン　　おもちゃも いっしょに　おどりだす

G　　Em　　A7　　D

ピアノに あわせて　トン トン トン　　なかよく マ ー チ

0歳

体をおもちに見立てて、スキンシップがとれるあそびです

おもちびよーん

ダンス

主に育つ非認知能力
● 創造力
● 好奇心
● 身体感覚
● 共感性

室内

あそび方

あそびのPoint!
始めは力を入れずに、ゆっくりうたいながら行います。1つ1つの動作ごとに、子どもと目を合わせ語りかけるようにします。

❶ おもちびよーん　びよん
　 おもちびよーん　びよん

子どもの両手をリズムに合わせてやさしく揺らす。

❷ ペタペタペタペタ
　 ペッタペタ

頭の先から手の指先までやさしく触って、指先を握る。※❶〜❷を1回繰り返す。

❸ びよーん

子どもの両手を持ち、バンザイのポーズ。

アレンジ

みんなでおもち

子ども同士で並んで座り、お互いに手をつないだりタッチしたりしてスキンシップを楽しみます。

❹ おもちびよーん　びよん
　 おもちびよーん　びよん

子どもの両足をリズムに合わせてやさしく揺らす。

❺ ペタペタペタペタ
　 ペッタペタ

腰から足の指先までやさしく触る。

❻ ビョ〜ン

子どもの足を持ち、頭まで持ち上げる。

歌入り　　メロディーのみ

https://kdq.jp/012ha13o
https://kdq.jp/012ha13x

♪おもちびよーん　[作詞・作曲・振り付け 萩原里実]

1歳

動物のしぐさをまねて、想像する力を高めます

ウサギ ゾウ リス

ダンス

主に育つ非認知能力
- 創造力
- 好奇心
- 想像力
- 共感性

室内

0歳
1歳

あそび方

**❶ ピョンピョンピョン
ピョンウサギさん
まえにうしろに
ピョンピョンピョン**

両手を頭の上に乗せ、ウサギの耳のポーズのまま前、後ろ、前、前、前の順でジャンプする。❶を1回繰り返す。「次はゾウさんに変身」と声をかける。

**❷ どっしんどっしん
ゾウさん**

前進しながら片手を大きく揺らす。もう片方の手は腰に。

**❸ ながーいはなを
のばす**

「のばす」で手を上にあげる。❷～❸を1回繰り返す。「次はリスさんに変身」と声をかける。

**❹ チョコチョコチョコ
チョコ　リスさん**

両手をあごの下につけ、小走りする。

❺ ドングリをたべましょう

ドングリを食べるまねをする。❹～❺を1回繰り返す。

アレンジ

チームに分かれる

ウサギ、ゾウ、リスのチームに分かれ、保育者が歌の中で呼んだチームが踊ります。

音楽

室内

外

歌入り　メロディーのみ

https://kdq.jp/012ha14o
https://kdq.jp/012ha14x

♪ウサギ ゾウ リス　[作詞・作曲・振り付け 萩原里実]

うさぎ♩= 110　ぞう♩= 80　りす♩= 160

207

1歳

手を叩きリズムを打つ楽しさを味わいます

まねっこまねっこ

ダンス

室内

主に育つ非認知能力
- 創造力
- 好奇心
- 身体感覚
- 共感性

あそび方

❶ てをたたこう てをたたこう

足踏みしながら手を叩く。

❷ あたまのうえで

頭の上で2回手を叩く。

❸ てをたたこう てをたたこう

足踏みしながら手を叩く。

❹ おしりのうしろで

おしりの後ろで2回手を叩く。

❺ ぐるぐるまわろう ぐるぐるまわろう

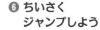

その場で右回り。

❻ ちいさく ジャンプしよう

小さく2回ジャンプ。

❼ はんたいまわり はんたいまわり

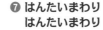

その場で左回り。

❽ おおきく ジャンプしよう

大きく2回ジャンプ。

あそびの Point!

子どもがまねをしやすいように、保育者はアクションを大きく元気よくうたいましょう。

アレンジ

いろいろまねっこ

保育者は首を振ったり、腕を回したりと子どもがまねしやすい動きを数多く取り入れます。

歌入り　メロディーのみ

https://kdq.jp/012ha15o
https://kdq.jp/012ha15x

♪ まねっこまねっこ　[作詞・作曲・振り付け 萩原里実]

1. てを たた たた こう　てを たた たた こう　あた まの う え で
2. ぐる ぐ るまわろう　ぐる ぐ るまわろう　ちい さく ジャン プし よう

てを たた たた こう　てを たた たた こう　おし りの うし ーろ で
はん た いまわり　はん た いまわり　おお きく ジャン プし よう

2歳

元気よく自由に踊るダンスです

おばけのパーティー

ダンス

主に育つ非認知能力
● 身体感覚
● 好奇心
● 充実感
● 共感性

室内

あそび方

❶ おばけのパーティーみんなあつまれ
こんやもみんなでパーティーだー

おばけになりきって手の甲を前に出し、
ぶらぶらしながら歩く。

あそびのPoint!
始めはおばけの怖さを手で表現し、リズムが変わったら楽しい雰囲気で元気よく踊り、メリハリをつけます。

❷ おばけのパーティーおばけのパーティー
おしりフリフリフリフリ

おしりを振って踊る。

❸ おばけのパーティーおばけのパーティー
おしりフリフリ　ブー

大きくジャンプする。

歌入り　メロディーのみ

https://kdq.jp/012ha16o
https://kdq.jp/012ha16x

1歳
2歳
音楽
室内
外

♪おばけのパーティー　[作詞・作曲・振り付け 萩原里実]

♩=90 怖い雰囲気でゆっくり

Am　　　　　　　　　　　　　　　　　　　　　　　　　　　　　E　Am

おばけの パー ティー　みんなあつまれ　こんやもみん なで　パー ティー だー

♩=150 楽しくテンポUP

A　　　　　　　　　　　　　　E7　　　　　　　A

おばけの パー ティー　おばけの パー ティー　おしりフリフリ　フリフリー

A　　　　　　　　　　　　　　E7　　　　　　　A

お ば けの パー ティー　お ば けの パー ティー　おしりフリフリー　「ブー(BOO)」

0歳

いろいろな動物に興味・関心をもちます

かくれんぼ！ だーれだ？

パネルシアター

室内

● Pペーパーの絵人形
● パネル板
（パネル布をはった段ボール板など）

あそびの Point!

子どもの反応に応じ、ゆっくりストーリーを進めます。

あそび方

❶
動物たちがかくれんぼしているよ
みんな、どこに隠れているのかな？

事前に、動物や飛行機を隠してはっておく。

❷
これはだれの耳かな？
もういいかい？　まーだだよ！
もういいかい？　もういいよ！

隠れているウサギを指さす。

❸
こんにちは！　わたしはウサギです。ピョンピョン！
ウサギさんが隠れていたんだね。
ほかにはどんな動物がいるのかな？

ウサギを取り出して子どもに見せる。

❹
これはだれの鼻かな？
もういいかい？　まーだだよ！
もういいかい？　もういいよ！

隠れているゾウを指さす。

❺ ＼ ぼくはゾウです。パオ　ン！ ゾウさんが隠れていたんだね。 ／

ゾウを取り出して子どもに見せる。

❻ ＼ これはだれのしっぽかな？ もういいかい？　まーだだよ！ もういいかい？　もういいよ！ ／

隠れているワニを指さす。

❼ ＼ わたしはワニです。パクパク！ 大きな口のワニさんでしたか！ ／

ワニを取り出して子どもに見せる。

❽ ＼ これはだれの体かな？ もういいかい？　まーだだよ！ もういいかい？　もういいよ！ ／

隠れているヒヨコを指さす。

❾ ＼ わたしはヒヨコです。ピヨピヨ！ ヒヨコさんが隠れていたんだね。 ／

ヒヨコを取り出して子どもに見せる。

❿ ＼ そのとき、ブーンと音がしました。 何の音かな？　あ、これは何だろう！ ／

隠れている飛行機を指さす。

⓫ ＼ 飛行機が隠れていたんだね！ みんな、かくれんぼ上手だね。 ／

飛行機を取り出して子どもに見せる。

アレンジ

動物クイズ

保育者が鳴き声やジェスチャーで動物を表現します。当たったら、動物のイラストを子どもの前に出し、パネル板にはります。

1歳

考えを声に出し想像を膨らませます

迷子のおばけちゃん

パネル
シアター

主に育つ非認知能力
● 想像力
● 好奇心
● 問題解決力
● 共感性

室内

準備

● Ｐペーパーの絵人形
● パネル板
（パネル布をはった段ボール板など）

**あそびの
Point!**

「ママここにいるのかな？」など子
どもとやりとりをしながら進めます。

あそび方

❶ おばけちゃんは、さんぽ中にママ
とはぐれてしまいました。

事前に、犬やしっぽのある雲を隠し
てはっておく。おばけちゃんを子ど
もに見せながらはる。

❷ すると向こうで白い影がチラリ。
ママかな？

屋台の後ろに、わたあめを隠してはっておく。

❸ なーんだ、わたあめだったね。

わたあめを取り出して子どもに見せ、屋台と
わたあめをしまう。

❹ ママはどこ〜？
次は空を探してみようかな。

おばけちゃんを雲に近づける。

❺ するとまた向こうで白い影がチラリ。
近づいてみると…なーんだ雲さんだった。

しっぽのある雲を取りはずして
子どもに見せ、しまう。

❻ ママはどこにいるのかな？
今度は原っぱを探してみよう。

おばけちゃんを原っぱに近づける。

❼ するとまたまた向こうで白い影がチラ
リ。ママかな？　近づいてみると…なー
んだワンちゃんのしっぽだった！

犬を取りはずして子どもに見せ、
しまう。

❽ えーんえーん　ママいないよーと泣いて
いると、おばけちゃん！　と後ろからマ
マの声がしました。振り向くと…

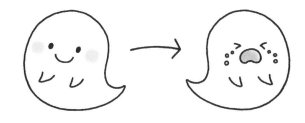

おばけちゃんを裏返す。

❾ はい、おばけちゃんの大好きなアメ買
ってきたよとママ。
「ありがとうママ大好き」　ギューッ！

おばけちゃんのママとアメをはる。

❿ 2人は仲よくアメを食べながら、
帰りました。
ママが見つかってよかったね！

おばけちゃんを裏返し、ア
メをおばけちゃんに重ねる。

アレンジ

おばけが変身

保育者が「ちちんぷいぷいのぷい」
と呪文を唱え、おばけをわたあめ
や雲に入れ替えてあそびます。

2歳

考えを声に出し、想像を膨らませます

だれのおしり

パネル
シアター

主に育つ非認知能力
● 想像力
● 好奇心
● 気づき
● 共感性

室内

準備

● Ｐペーパーの絵人形
● パネル板
（パネル布をはった段ボール板など）

※絵人形の表と裏をはり合わせる。

〈表〉

〈裏〉

あそびの Point!
歌を繰り返し、動物の鳴き声クイズなども交えながら、子どもとのやりとりを楽しみます。

あそび方

❶
だれのおしり　だれのおしり
だれのおしりかみてみよう

かわいいおしりだね！　何の動物かな？
ヒントは、ブーブーっていう鳴き声だよ。

ブタのおしりをはる。

❷
あたり！　ブーブー鳴くブタさんだね。
ほかにもいろいろなおしりが出てくるよ！
次は何の動物かな？

子どもの反応を見ながら、裏返す。

❸
だれのおしり　だれのおしり
だれのおしりかみてみよう

かわいいおしりだね！　何の動物かな？
ヒントは、首が長ーいよ。

キリンのおしりをはる。

❹
あたり！　首が長いキリンさんだね。
次は何の動物かな？

子どもの反応を見ながら、裏返す。

❺ だれのおしり　だれのおしり
だれのおしりかみてみよう

＼ かわいいおしりだね！　何の動物かな？
＼ ヒントは、モーっていう鳴き声だよ。 ／

ウシのおしりをはる。

❻

＼ あたり！　モーモー鳴くウシさんだね。
＼ 次は何の動物かな？ ／

子どもの反応を見ながら、裏返す。

❼ だれのおしり　だれのおしり
だれのおしりかみてみよう

＼ かわいいおしりだね！　何の動物かな？
＼ ヒントは、木の実を食べるよ。 ／

リスのおしりをはる。

❽

＼ あたり！　リスさんだね。
＼ 次は何の動物かな？ ／

子どもの反応を見ながら、裏返す。

❾ だれのおしり　だれのおしり
だれのおしりかみてみよう

＼ かわいいおしりだね！　何の動物かな？
＼ ヒントは、耳が長ーいよ。 ／

ウサギのおしりをはる。

❿

＼ あたり！　ウサギさんだね。
＼ みんな、かわいいおしりだったね。 ／

子どもの反応を見ながら、裏返す。

歌入り　メロディーのみ

https://kdq.jp/012ha17o
https://kdq.jp/012ha17x

♪だれのおしり　[作詞・作曲 萩原里実]

だ　れ　の　お　し　り　　だ　れ　の　お　し　り　　だ　れ　の　お　し　り　か　　み　て　み　よ　う

0歳

次はどうなるのか、ワクワク期待が膨らむあそびです

どこどこカエルさん

ペープサート

室内

材料

● 画用紙
● 割りピン
● 割り箸

準備

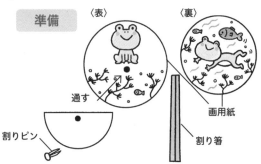

〈表〉　〈裏〉

通す

割りピン

画用紙

割り箸

① 丸く切った画用紙の表と裏に、カエルの絵を4パターンずつ描く。
② カエルの絵（表）に半円に切った画用紙を重ね、穴を開け、割りピンを通す。
③ 表と裏で割り箸を挟み、テープではり合わせる。

あそびのPoint!

カエルを隠した際、どこにいるのかな？　と身振り手振りを大げさにして、子どもの興味を引きます。

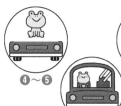❹〜❺
❼〜❽
❿〜⓫
 ⓬

あそび方

❶ にげたにげた　カエルさん

下の画用紙を回す。

❷ ぶくぶくぶく　どーこだ？

裏返す。

❸ かわのなか

❹ にげたにげた　カエルさん

下の画用紙を回す。

❺ ぶるんぶるんぶるん　どーこだ？

裏返す。

❻ くるまのなか

❼ にげたにげた　カエルさん

下の画用紙を回す。

❽ どんしゃらりん　どーこだ？

裏返す。

❾ おもちゃのなか

❿ にげたにげた　カエルさん

下の画用紙を回す。

⓫ すーすーすー　どーこだ？

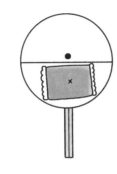

裏返す。

⓬ おふとんのなか

おやすみなさい

アレンジ

カエルクイズ

絵と擬音だけで、カエルがどこに
いるのかを当てます。

歌入り　　メロディーのみ

https://kdq.jp/012ha18o
https://kdq.jp/012ha18x

♪ どこどこカエルさん　　［作詞・作曲　パネルシアター♪やっほい！］

1.～4. にげた　にげた　カエルさん

ぶく ぶく ぶく
ぶるん ぶるん ぶるん
どん しゃら りん
すー すー すー

どこだ？

かわのなかか
くるまのののな
おもちゃののな
おふとんののな

おやすみなさい

0歳

シアター

室内

外

217

0歳

クマの豊かな表情と繰り返しの歌を楽しみます

いないいないばあ

ペープサート

室内

主に育つ非認知能力
● 想像力
● 好奇心
● 観察力
● 共感性

準備
● 様々な表情のペープサート

あそびの Point!
クマの表情は豊富に揃え、バリエーションを楽しめるようにします。子どもが紙人形を持ち操作しても盛り上がります。

あそび方

❶ おかおを おかおをみせて

裏返す

❷ いないいないばあ

うれしい顔

見せる。

顔のバリエーション

悲しい顔

怒った顔

驚いた顔

困った顔

変な顔

アレンジ

顔まね いないいないばあ

保育者は紙人形のクマの表情を顔まねし、合っているか子どもに問います。

歌入り　メロディーのみ

https://kdq.jp/012ha19o
https://kdq.jp/012ha19x

♪ いないいないばあ　[作詞・作曲 パネルシアター♪やっほい！]

1歳

何が出てくるかドキドキを楽しむあそびです

いろいろだあれ？

カード
シアター

主に育つ非認知能力
● 想像力
● 好奇心
● 探究心
● 共感性

室内

準備

● ポケットつきカード
● 絵を描いた画用紙（中に入れる）
● ひも

あそびのPoint!
同じ色のイチゴやリンゴのカードも用意します。「ほかに赤は何がある？」と声をかけ、バリエーションを楽しみます。

あそび方

❶ あかあかあか　だれでしょね

ひもを少しずつ引き出す。

❷ あかあかあか　トマトさん

引き出したカードを見せる。

アレンジ

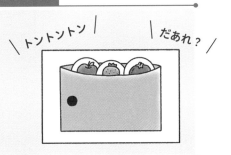

ドアにトントン

ポケットをドアの絵にして、子どもに「トントントン」とノックしてもらい、保育者は「だあれ？」と掛け合いを楽しみます。

トントントン　だあれ？

歌入り　メロディーのみ

https://kdq.jp/012ha20o
https://kdq.jp/012ha20x

♪ いろいろだあれ？　［作詞・作曲　パネルシアター♪やっほい！］

0歳
1歳
シアター
室内
タ

1歳

立体的なじょうろを使い、花が咲く様子を楽しみます

おはなをさかせよう

カード
シアター

主に育つ非認知能力
● 想像力
● 好奇心
● 気づき
● 共感性

室内

材料

● 画用紙
● 厚紙
● 面ファスナー

あそびの Point!

じょうろの取っ手を持ち、水を注ぐ動作をします。子どもが拍手をすると、花が咲きます。

準備

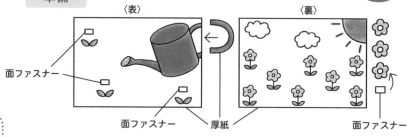

〈表〉　　　　　〈裏〉

面ファスナー

面ファスナー　　厚紙　　　　面ファスナー

① 画用紙を花の形に切り、裏に面ファスナーをはる。（ポケットに入れる）
② 厚紙の表にじょうろや葉の絵を描き、花の位置に面ファスナーをはる。
③ 厚紙の裏に太陽や花、雲の絵を描く。
④ じょうろの取っ手の形に切った厚紙を、表と裏で挟みはり合わせる。

あそび方

❶ おはなをさかせましょう

カードを傾ける。

❷ いっしょにパチパチパチ

ポケットから花を1つ
出してカードにはる。

❸ おはなをさかせましょう

カードを傾ける。

❹ いっしょにパチパチパチ

花をもう1つカードにはる。

❺ おはなをさかせましょう

カードを傾ける。

❻ いっしょにパチパチパチ

花をさらにもう1つカードにはる。

❼ いっぱいさいた

カードを裏返す。

❽ みんなでパチパチ

みんなで拍手する。

アレンジ

何を育てようかな

花を子どもの好きなフルーツや
野菜の絵に替えて、じょうろを
一緒に持ち育ててみましょう。

歌入り　メロディーのみ

https://kdq.jp/012ha21o
https://kdq.jp/012ha21x

♪おはなをさかせよう ［作詞・作曲 パネルシアター♪やっほい！］

1.~3. お ー は な を さ か せ ま しょう いー っしょ に パチ パチ パチ
4. いー っぱ い

さ い た みー ん な で パチパチパチパチ・・・・

221

2歳

電車を運転している気分になれます

でんしゃでしゅっぱつだ

カード
シアター

主に育つ非認知能力
● 想像力
● 好奇心
● 充実感
● 共感性

室内

材料

● 画用紙
● ハンドル
（ねじって巻いたタオルや
長い紙芯など）

準備

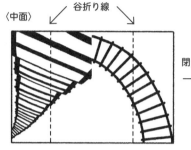

〈中面〉　谷折り線　　　閉じる →

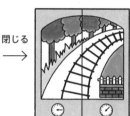

〈表〉

〈裏〉

① 電車の中面に線路を描
き、左右を谷折りする。
② 表に窓、駅、線路を描く。
③ 裏にトンネルを描く。

あそびの Point!

子どもは運転手になり、ハンドルを持つポーズをとり
ます。保育者がカードを傾けたり、揺らしたりする動
きをまねて一緒に楽しみます。カードを開く際には、
「急カーブです、気をつけてください」など声をかけ
イメージを広げます。

あそび方

❶ ガタンゴトン　しゅっぱつだ
　 ガタンゴトン　ガタンゴトン
　 どこまでいこう
　 ガタンゴトン　ガタンゴトン

❷ そろそろ　さかみち　よういは　いいかい
　 シュシュシュ　シュー
　 シュシュシュ　シュー

開く →

カードを上下に揺らす。

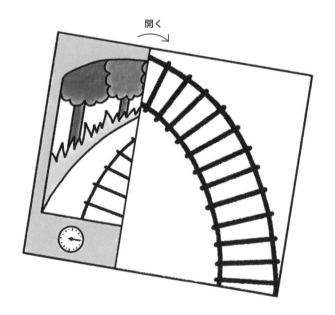

カードの右半分を開き、傾ける。

❸ もういっかい
　シュシュシュ　シュー
　シュシュシュ　シュー

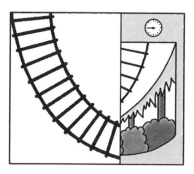

逆さまにする。

❹ そろそろでこぼこみちだ
　ガタゴト　ガタゴト
　ガタンゴトン　ガタンゴトン　×2

開く

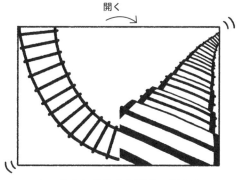

カードのもう片方も開き、揺らす。

❺ まっくらトンネルはいります
　みえないよ　みえないよ
　まっくらトンネルぬけたら

裏返す。

❻ ガタンゴトン　しゅうてんだ
　ガタンゴトン　ガタンゴトン
　みんなをのせて
　ガタンゴトン　ガタンゴトン
　はいとうちゃく

また裏返して上下に揺らす。

アレンジ

抱っこで出発

保育者のひざに子どもが座り、一緒にカードを傾けたり揺らしたりします。保育者が足を揺らし、電車の揺れを再現したり、歌に合わせてリズミカルに動かしたりしても楽しめます。

歌入り　　メロディーのみ

https://kdq.jp/012ha22o
https://kdq.jp/012ha22x

♪でんしゃにのってしゅっぱつだ　[作詞・作曲　パネルシアター♪やっほい！]

2歳

おもしろい仕掛けで盛りあがります

せんせいがへんしーん！

カード
シアター

主に育つ非認知能力
- 想像力
- 好奇心
- 観察力
- 共感性

室内

材料

● 画用紙

準備

谷折り線

画用紙

山折り線

① 画用紙の真ん中にウサギ、両側にニンジンの絵を描く。
② 顔の部分を切り取る。
③ 真ん中を谷折りし、ニンジンが見えるよう山折りする。

あそびの Point!

カードは素早く広げます。顔を穴にはめたら元気よくウサギになりきると保育者も楽しめます。

あそび方

＼ ニンジン好きな友達だーれだ？ ／

保育者が顔の前で画用紙を折りたたみ、ニンジンだけを見せる。

＼ はーい！ わたしはウサギさんでした！ ／

広げて顔を穴にはめて見せる。

アレンジ

タマゴが割れたら

画用紙を縦に広げるパターンです。「タマゴの中から何が生まれるかな？」と声をかけてから広げます。タマゴシリーズは動物の赤ちゃんの絵がおすすめ！

＼ ピヨピヨ ／

ヒヨコさんでした！

巻末資料

CHECK! 非認知能力とは

（ひにんちのうりょく）

子どもの将来や人生を豊かにする、数値化できない力

IQや運動能力、学校のテストのように数値化できる力のことを認知能力といいます。対し、「非認知能力」とは、目に見えない感情や心の働きというような、数値化しにくい分野の能力のことです。社会情動的スキルともいわれ、たとえば、「自分で目標を決めて取り組める」「周りの人と円滑にコミュニケーションをとれる」「自分を大事に思える」などが例にあげられます。これ

らは、幼児期のみならず、長い人生全体に深く関わるものだとされています。今までの社会では、結果が数値でわかりやすい認知能力が重視されてきました。けれども、最近の研究では、目に見える・数値化できる力である認知能力よりも、目に見えない・数値化しにくい力である非認知能力の方が将来の成功につながるとわかってきています。

たとえば……

1 意欲・意志力がある 何かに夢中になる力

「子どもが自分の意志で行動する力」「好きなものに夢中になれる力」は非認知能力のひとつ。意欲や意志をもつ子どもは、自分がやると決めたら、大人の予測以上に考えを巡らせ、何かを想像したり、創り出したりする場合もあります。できなかったことをするにはどうすればよいのかを考えいろいろ試し、うまくいかないときは、「なぜかな？」「どうしたらよいのかな？」と自分なりに考えて解決したり、失敗しても何度も挑戦したりする気持ちにつながります。また、好きなものに熱中すると、周りの人が声をかけても気がつかないほどの集中力を発揮することもあります。

3 自分の気持ちを前向きに コントロールする力

非認知能力には、「自分の感情をコントロールする力」や「気持ちの切り替えをする力」もあります。自分の気持ちをコントロールするというのは、感情を押し殺して我慢をするということではありません。自分の思い通りにならないからと怒ったり、泣いたり、相手のことを傷つけたり、何かをやってもうまくいかないからと途中で投げ出したりするのは、感情のままの行動です。「嫌だな」と思う自分の心に正面から向き合い、どうしたら自分が納得できるかを考えて行動するのが自分の気持ちをコントロールするということ。その力があれば、困難があっても、気持ちを切り替え、対処し、乗り越えることができます。

2 自分を好きだと 思える力

ありのままの自分を受け入れられる「自己肯定感」も非認知能力です。特に幼児期の子どもは、一番身近な存在である親から愛されることを求めています。自分のすべてが受けとめられると感じると、心の安定感を得て、自信が持てます。親をはじめとする周りの人に大切にされたら、子どもも親や周りの人たちを思いやる心が芽生えます。「成功しても失敗しても、家族が自分を好きなことには変わりない」という気持ちから、臆せずやりたいことに積極的にチャレンジできます。「私は私のままで大丈夫、愛されている」という自己肯定感が、向かう活動すべての土台になります。

4 他者とコミュニケーション する力

「人と協働したり、人に思いやりをもったりする力」も非認知能力です。幼稚園、小学校、中学校や高校、大学、さらに社会に出ても、私たちは様々な人と出会います。一緒に何かを作ったり、助け合ったりする機会も多くあります。そのような場面では、相手の気持ちも受けとめながら、行動することが求められます。また、自分の意見を伝えることやリーダーシップを求められる場合もあるでしょう。「人とコミュニケーションできる力」は、人生において常に必要な力です。

「非認知能力」と「認知能力」

非認知能力とはテストや試験では
測ることのできない「人間力」「生きる力」

　人間の能力は、大きく「認知能力」と「非認知能力」の2種類に分けられます。「認知能力」とは、IQ（知能指数）に代表されるような点数などで数値化できる知的能力や運動能力のことです。IQという言葉は一般的にもよく知られており、大人が子どもの能力を把握する上で参考にしやすい指標のひとつです。一方「非認知能力」とは、認知能力以外の能力を広く示す言葉で、テストなどで数値化することが難しい内面的なスキルを指します。具体的には「目標を決めて取り組む」「意欲を見せる」「新しい発想をする」、「周りの人と円滑なコミュニケーションをとる」といった力のことで、長い人生を豊かにしていく上で大切な能力です。

　認知・非認知と分類されますが、ふたつの力は対立するものではありません、認知能力を伸ばすための土台になるのが非認知能力です。非認知能力が伸びれば認知能力にもプラスの影響を与え、相互に影響し合います。そのため、幼児期に意識して非認知能力を伸ばしておくと、小学校で始まる読み書き・計算など認知能力を伸ばすための学習に意欲的に取り組めるといわれています。

非認知能力が注目されているのはなぜ？

幸せな生活や
経済的な安定につながる

　「非認知能力」は今、世界的にも注目されています。2000年にノーベル経済学賞を受賞したジェームズ・J・ヘックマンの「ペリー就学前プロジェクト」という有名な研究があります。そこでは「乳幼児期に非認知能力を身につけておくことが、大人になってからの幸せな生活や、経済的な安定につながる」という結論が導かれたのです。テスト等では測ることのできないのが「非認知能力」であり、その能力こそが社会への対応力につながり、子どもの人生をより豊かにすると考えられます。

　これからの子どもが生きる社会は、国際化やボーダレス化が進み、ますます変化に富み多様化します。この先の時代を生き抜く上で、今改めてこの「非認知能力」が注目されているのです。

認知能力

数値化できる力

- IQ（知能指数）
- 計算力
- 運動能力
- 読み書き
- 語学力（英語など）
  など

プラスの力になる

非認知能力

数値化できない力

- 思いやり
- 粘り強さ
- 道徳性
- 自己肯定感
- 主体性
- 社交性
- 協調性
- 回復力
- 共感性

感性

好奇心

社交性

主な非認知能力と いわれるもの

非認知能力は、子どもがあそびの中から学んで自然と身につけていくもの。“あそび”とは、興味をもったものに自分から近寄って、夢中になり、いろいろ試しながら世界を知っていく行為です。ふだんの関わりや生活の中に非認知能力を育むあそびはあります。保育者や周りの大人は愛情を込めて子どもの主体的な生活を支えましょう。

好奇心

わからないものに対して、その理由や意味を知りたいと思う気持ち。未知の物事に対する行動や精神的な働きを示し、周囲の出来事の情報や、関連するものを求めることにつながる。

感性

美しいものや良いものから受ける印象を、知覚する能力。視覚、聴覚、触覚、味覚、嗅覚の五感を働かせることで、物事を豊かに体験できるもととなる。

達成感

何かを成し遂げた後に起こる、充実感や喜び。高揚感や幸福感も含まれる。設定した目標をクリアするなど、結果が出た際に得られるもの。

自尊心

自分の人格を尊重する気持ち。自分には存在する価値、生きている価値があると思える気持ち。自分は人から大事にされるべき存在であると考えることができる。無条件に人から愛されることで育つ。

自己肯定感

ありのままの自分を受け入れられる感覚。自分の存在そのものを認め、ありのままの自分をかけがえのない存在として肯定的・好意的に受けとめることができる感覚。

信頼感

身近な人や物事を信用する気持ち。基本的信頼感は、生後1年間くらいで原型ができるとされる。親子関係などから、十分な愛情を得られれば、構築される。社会や他人に対する信頼と、自己に対する信頼がある。

充実感

心が満たされている、満ち足りているという心情。何かをすることで、幸せを感じたり、楽しいと思えたりする際に味わう。生きていることの良さも感じている。

観察力

注意深く物事を見て気づく力。観察して細やかなことに気づき、結果を多く得られる力。物事や現状を深く見て、原因や本質を見通すこともできる。

想像力

実際には経験していない事柄などを、こうではないか、と推し量る力。また、現実には存在しない事柄を心の中に思い描く力。思いやりは想像力から生まれる。

自立心

他の力や支配を受けないで、自力で物事をやっていこうとする心構え。生活やあそびの中で、自信をもって主体的に行動する力。自分の存在に自信をもつとともに、自分で考え、工夫してあそぶ姿に表れる。

自制心

自分自身の感情や欲望などをうまく抑えたり、コントロールしたりする気持ちや精神力のこと。自分の心の中に湧き上がってきた感情や気持ちに押し流されず、対応できることを指す。

主体性

自分で考え、自分で行動し、自分で責任をとること。自分のしたことがうまくいかなくても人のせいにしないことを含む。自分の意志や判断にもとづき、行動を選択するだけでなく、結果を自分で引き受ける。

創造力

新しいものを初めて創りだす力。今まで誰も創ったことのないような、独創的なものを創る力を指す。

協調性

お互いに力を合わせて、同じ目的に向かって歩もうとする心持ち。多少の利害関係はあっても、時には自分を抑えてゆずったり、相手に合わせようとしたりする気持ちも必要になる。

共感性

他人の意見や感情などに対し、その通りだと感じること。相手の喜怒哀楽の感情を共有すると心が通じ合えたような感覚になる。相手はわかってもらえた喜びを感じることが多い。人とつながりをもつのに必要な力となる。

意欲

進んで何かをしようと思うこと。ある目標に向かって積極的になる心の動き。目的としているものに対するエネルギーを表し、自発的に何かをやりたいと思う心の動きを指す。

挑戦意欲

夢をもち続け、夢を具現化するために挑み続ける意欲。できないことを、できるようにするための挑戦も含む。挑戦することは行動すること。たとえ失敗しても考えながら挑み続けることで、達成感を得られることが多い。

粘り強さ

根気や忍耐力があり、なかなかあきらめないこと。よく耐え忍ぶこと。根気強く最後までやり通そうとする力。地道にコツコツと努力することができること。物事に対して熱意がある状態。

思いやり

他人の気持ちに配慮し、相手が何を望み、どんな気持ちかを注意深く考えて接すること。相手の身になって考えたり、推察して気を遣ったりすること。

社交性

人と接することが好きで、つきあい上手。人と関わることが楽しく思える。多くの人とコミュニケーションがうまくとれるので、知り合いが増える。また、明るくて外交的なことも含む。

道徳性

人間として本来的なあり方や、よりよい生き方を目指すことが身についている人格的な特性。してよいこと、悪いことがわかり、自分で判断できる。

回復力

ダメージに抵抗して、すばやく回復する力。精神的に疲れたり落ち込んだりした際に、立ち直ろうとする力。失敗してもくよくよせずに、前向きに歩み出そうとする力を指す。

気づき

それまで見落としていたことや、問題点に気づくこと。主体的に対象に関わり、具体的な活動や体験を通して生まれてくる。「対象に関わり思考した結果、わかったことや捉えたもの、得たこと」といえる。

探求心

物事の本質を探って、見極めようとする心。知識を深めたり、原因の解明にあたったり、粘り強く追求する姿勢を指す。

問題解決力

起こっている問題を分析して、問題の原因を可能な限り洗い出し、自分にも対応可能な範囲の解決策をつくって、問題を解決へと導く能力。

身体感覚

五感のうち、視覚、聴覚、味覚、嗅覚以外のいっさいの感覚を指す。皮膚感覚、深部感覚の他、平衡感覚、内臓感覚まで多種多様である。自分の手足がどうなっているか、刺激対象を身体のどの部分で感じているかなども含む。

目と手の協応・手指の操作

目で情報を捉えて、その情報に合わせて手を動かすこと。手指の巧緻性が高まるように、ボタンの掛け外しや、ひも通しなどをすることで、徐々に養われる。

非認知能力を育てるには

Point 1 子どもの主体性を大切に

子どもが好きなことを見つけて、「やってみたい」と意欲を見せたら、その思いを受けとめ、チャレンジすることを応援しましょう。好きなことから興味が枝葉的に広がることも子どもにはよくあること。電車好きの子どもが、車両の名前や路線の名前、駅の名前を覚え、日本地図に興味をもつようになった、などがよい例です。知的好奇心が刺激され、自分からどんどん知識を深めるようになります。

Point 2 あそびを通して育む

子どもの非認知能力を育むには、様々な「あそび」を取り入れることがおすすめです。ここで大切なのは、あそびの中で子どもが「自分で考える力」を発揮できるような環境にすること。例えば、製作遊びではお花紙をくしゃくしゃに丸めたり、クレヨンでぐるぐる模様を描いたりする過程で、思ったようにできないこともあります。けれども、そこでやめるのでなく、どうすればよいのかを考えて、助けを求めたり、工夫をしたりすると、さらに楽しさが倍増し、最後までやりぬく力などの非認知能力を育むことができます。失敗や困難も非認知能力が育つ土台となります。

Point 3 外あそびや自然体験をする

常に変化する自然には、おもちゃにはない刺激があります。あそぶ範囲やあそび方が決まっているおもちゃに対し、外は変化に満ちています。季節や天候により、いつもとちがうものや状況に出会うたび、「どうやってあそぼうかな」と自分で考える機会があり、新しく生まれるあそびもあるでしょう。これは「適度に足りない環境」とも言われ、創造力を養うことにもつながります。

特別なところに出かける必要はありません。道端の草花、砂場、水遊び、虫の観察など、園の周りや公園でも自然と触れあうことはできます。散歩をしながら、風を感じたり空を見上げたりするだけでも十分です。

Point **4** ありのままの子どもを受けとめる

　家族や保育園でのスキンシップやコミュニケーションを通して、子どもは「自分は自分のままでここにいてもよいのだ」と自己肯定感を高めます。何があろうと、必ず手を差し伸べ、味方になってくれる人がいるという安心感が心を安定させ、自分のことを大切に思えるようになります。また、いろいろなことに好奇心をもち、「自分ならできる」とポジティブな感情でチャレンジするようになります。

　「自分そのものを認められる」という自己肯定感は非認知能力の土台です。

ぎゅつ

いっしょー

Point **5** 友達との関わりを支える

　認知能力と非認知能力の大きな違いのひとつに、「周囲との関わり」という視点があります。自分で工夫して作った作品を友達と見せ合ったり、他の子のアイデアがステキだと思ったら自分も取り入れたり、協力し合って大きなものを作り上げたり。

　意見がぶつかったときには交渉や調整を試みたり、失敗したときにはそれを取り返す工夫をしたりと、「他者との関わり」の中で学べることが本当に多くあります。たくさんの友達と幅広く触れあうことを支えましょう。

Point **6** 子どもの思いを受けとめる

　非認知能力のうち、「人とよい関係を築く力」は、双方向のコミュニケーションによって伸びます。一方的に教えたり、指示に従わせるのではなく、1人ひとりとやり取りをして、子どもの興味を引き出します。

　子どもは「何もわかっていない」存在ではありません、経験や語彙が少ないために、自分の感情や考えをうまく説明できないだけで、実はいろいろなことを考えています。興味をもって聞くことで、子どもは自分の感情や思いを表現して伝えます。そうすることで自分が大事にされていると感じることもでき、自己肯定感も高まります。

非認知能力が育たない
保育者のNG関わり援助

✕NG **1** 何でも助ける

　0・1・2歳児の段階では「○○ができるようになる」という達成度より、子どもがおもしろがって取り組めたという体験に価値があります。失敗も悪いことではありません。失敗を通して様々なことを学べます。手助けをして、イライラを解消することを急がなくても大丈夫。失敗しても、子どもが夢中で何かをしているなら、先回りせず、じっくりと構えて子どもに関わりましょう。子どもは、自分ができたことを土台にして、自分から次の課題を見つけます。ちょっと難しいことに挑戦したいわけです。そんな「やってみたい」という意欲があそびの質を高めます。「どうやったらできるかな？」と子どもの気持ちに共感しながら、子どもが自分で判断できるよう促します。

どうやったら
できるかな

たくさんの積み木で
作ったんだね

できた

✕NG **2** 結果だけほめる

　非認知能力のうち、特に大切なのは「自己肯定感」です。これは、「何かができても、できなくても、自分は大切なんだ。自分らしく生きていていいんだ」と思える気持ちです。自己肯定感を育むためには、結果だけを評価するのではなく、「やってみたい」という気持ちや「努力した」というプロセスを認めることです。勝ち負けや競争をしすぎず、子どもが自分のペースで、自分らしく成長できるようなあそびを見守ります。

ちょっとだけ
待っていてね

こっちきて

✕ NG 3 無視する

　子どもが声をかけてきたのに、忙しいからといって無視するのはよくありません。子どもは自分の気持ちが伝わらなかったと、無力感を覚えます。相手にしてもらえない存在と感じ、自分を大事にできなくなるかもしれません。どんなに忙しくても、笑顔で「ごめんね」「ちょっとだけ待っていてね」と言って、子どもの存在に気づいていることや認めていることを表情や言葉で伝えます。

✕ NG 4 指示して動かす

　「子どものためになるから」と、子どもの興味を無視して指示したり、誘導したりすることは、あそびへの関心を失わせ、子どもをコントロールすることにもつながります。子どもが「何しようかな」と自分でやりたいことを決めて、満足するまで没頭することこそ、自分自身を見つめて理解する大切な過程です。好奇心を追求できるよう環境を整えサポートしましょう。

何しようかな

こうして
みようか

✕ NG 5 否定する

　子どもの興味に対し心配のあまり、「危ないからダメ」「まだ早いからダメ」と先回りしすぎると、せっかくの成長の機会を奪ってしまいます。子どものやりたいことが見つかったら、否定せずにどうすればできるか、ほかの方法や環境を探すなどフォローをして、「やってみたい」という意欲を尊重します。「好きなことをする自分を応援してくれる」と感じた子どもは夢中で取り組み、自己肯定感を高め探求心を育みます。

保育現場で使われる 用語集

知っておきたい！

保育の現場では様々な保育用語が使われます。ここでは、子どものあそびに関連した理解しておきたい用語を集めました。再確認しましょう。

● 粗大運動あそび
（そだいうんどうあそび）

子どもの発達は、頭部から体の下のほうへ、中心部分から末端部分へと進み、体の動きも大きな動き（粗大運動）から小さく細かな動き（微細運動）へと発達していく。このうち、寝返り、はいはい、立つ、歩くなどの粗大運動の機能を使うあそびを粗大運動あそびといい、主に運動あそびがこれにあたる。

● 微細運動あそび
（びさいうんどうあそび）

文字を書いたり、はしを使ったりといった手や指の細かく精密な動作を必要とする運動を微細運動といい、これを使ったあそびを微細運動あそびという。積み木あそび、お絵描き、折り紙、工作、ビーズあそびなどがこれにあたる。

● 追視 （ついし）

子どもが1～2か月ごろするようになる、人の顔やおもちゃなどを目で追って見る能力。2～3か月ごろになるとさらに発達し、視野の端まで目でものを追えるようになる。初めは真正面しか見ることができなかった網膜が発達し、少しずつ視野が広がったことと、子どもの好奇心が育ったことで現れる。

● クーイング

生後1～2か月ごろから喉の筋肉が発達した子どもが発する「あー」「くー」などの泣き声ではない声。母音を使用することが多い。喃語の前段階。

● ハンド・リガード

生後3か月くらいまでの子どもが自分の手をじっと見たりなめたりすること。「リガード（regard）」は、英語で「じっと見る」の意味。初めから自分の手だと認識しているわけではなく、手を見たり、なめてみたりすることで、自分の体のパーツを確認し、取り扱い方を理解していくと考えられている。

● 喃語 （なんご）

子どもが生後4～5か月ごろから発する2音以上からなる声。言語を獲得する前段階で、声帯の使い方や発声される音を学習しているとされる。「だあー」「ぶうー」など、唇や舌を使って音を出すのがクーイングとの違い。6か月ごろになると、より話し言葉に近い発声になり、10か月ごろから身振りとともに発声が始まり、意思伝達ができるようになると減り始める。

● 熊手状把握 (くまでじょうはあく)

生後7か月前後の子どもに見られる、小さいものをかきよせて取ろうとする手の動き。熊手でかき寄せる動きに似ていることから、この呼称になる。この動きが発達することでピンチ状把握につながる。

● ピンチ状把握 (ぴんちじょうはあく)

1歳前後からの子どもに見られる、小さなものを親指と人差し指でつまむようなつかみ方。おはしを持つ、ヒモを結ぶ、紙を折るなど、複雑な手の巧緻運動の基礎となる運動機能。

● グライダーポーズ

完全に首がすわった後の6〜7か月ごろの子どもに見られる、腹ばいになって両手両足を上にあげるポーズ。はいはいで自由に動き回る前段階。子どもが背筋の力で両手両足を浮かせた様子がグライダーに似ていることからこの名で呼ばれる。

● ピポットターン

6〜7か月ごろの子どもに見られる、おなかを軸にしてその場でぐるぐる回る状態。はいはいの前段階。はいはいをするには、手と足を左右交互に動かす必要があるが、手足のどちらかがまだ交互に動かせないために、体が円を描く動きになる。

● 共同注視 (きょうどうちゅうし)

子どもが言葉を覚える前段階として、9か月〜1歳くらいのときに、それまでの子ども大人という単純な関わり合いに加えて、同じものを一緒に見て注意を向けられるようになること。絵本やおもちゃなどを媒介として関わり合えるようになる。

● 協応力 (きょうおうりょく)

目と手、手と足など、体の違う部分の動きを1つにまとめて、運動を効率よく行う能力。なわとびやボールなど、ものの動きにタイミングを合わせて体を動かすことで高められる。3歳ごろまでに発達する。

●「ジブンデ」(じぶんで)

子どもが1歳を過ぎたあたりから、自我の目覚めとともに何でも自分でやってみたくなること。やりたい気持ちはあるが、体の機能が追いつかないために、もどかしさからイライラしたり癇癪を起こしたりすることもある。

● 降下緩衝能 (こうかかんしょうのう)

足首と、膝と腰の関節を使い、飛び降りたときの衝撃を和らげる能力。何度も高い所から飛び降りることで身につく。これによって走り方が一気にスムーズになる。2〜3歳の子どもがやたらと飛び降りたがるのはこの習得のためなので、危ないからとむやみにとめるのはNG。

● 空間認識力 (くうかんにんしきりょく)

空間の広さやものの大きさなどを正しく認識する能力。これが発達することで周囲のものにぶつからなくなる。子どもは狭いところに出入りしたり箱に入ったりするあそびを好むが、これによって、入ると狭い、出ると広いなど空間の認知をしていく。

製作あそび、運動あそび、音楽&シアターあそびの型紙です。
必要な大きさにコピーをして、ご活用ください。

P.25 音の鳴る花畑

花 　　　　　　　　　　　ハチ

P.27 動物つなひき

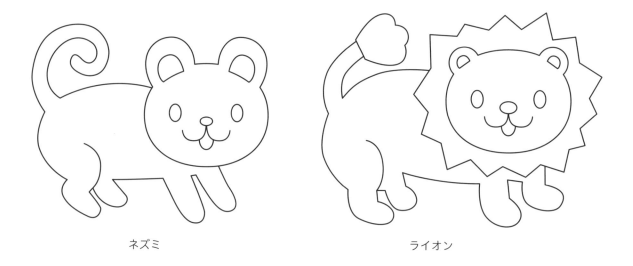

ネズミ 　　　　　　　　　　ライオン

カエル

ネコ

ネズミ

ウサギ

クマ

ゾウ

シャツ

ブタ

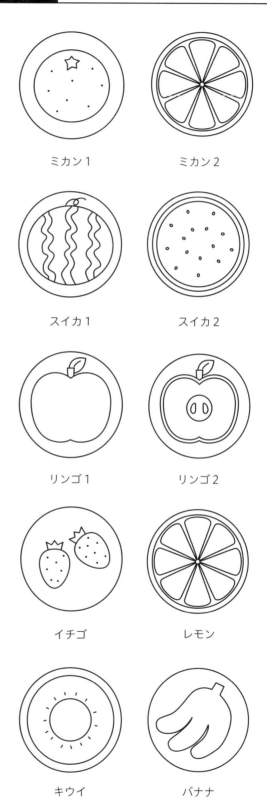

ミカン1　　ミカン2

スイカ1　　スイカ2

リンゴ1　　リンゴ2

イチゴ　　レモン

キウイ　　バナナ

P.30　ドーナツひも通し

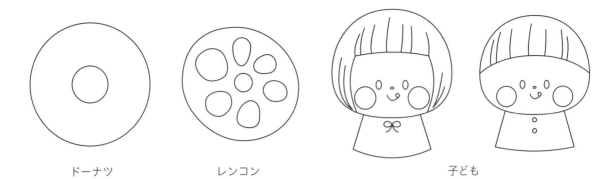

ドーナツ　　　　　レンコン　　　　　　　　　　子ども

P.31　クッキーはめ絵パズル

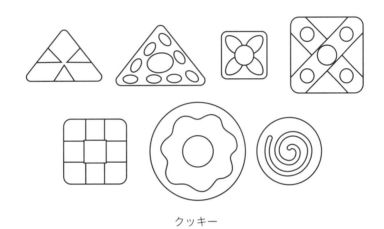

クッキー

台紙

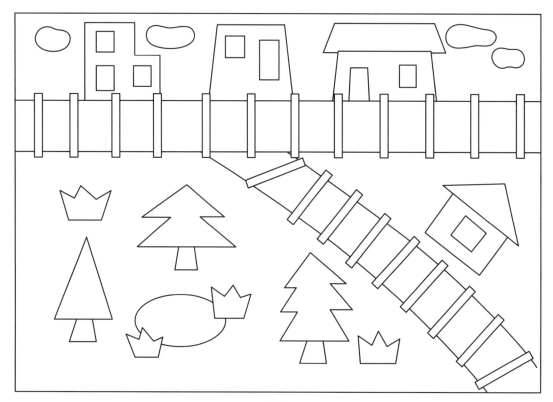

線路

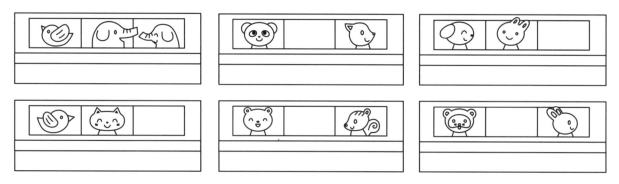

電車

P.36　プチプチ桜スタンプ

桜

P.38　手形のミツバチ

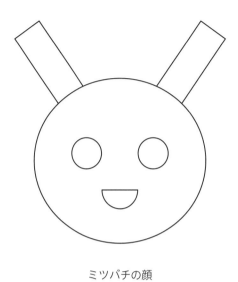

ミツバチの顔

P.39　お花紙のタンポポ

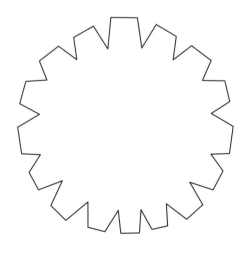

タンポポの花

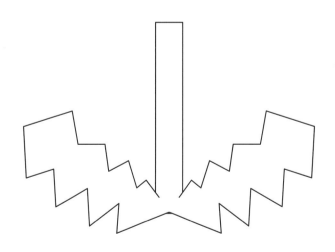

タンポポの葉と茎

P.41 おさんぽカメさん

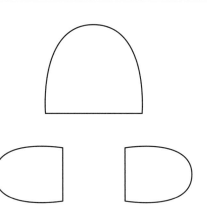

カメ

P.42 ヒマワリ、はいどうぞ

ヒマワリ

P.44 リンゴがみのった！

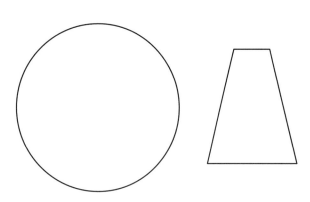

リンゴの木

P.45 ゆび絵の具カボチャ

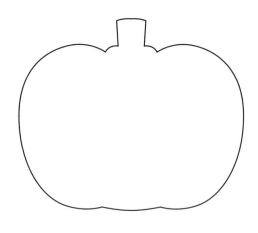

カボチャ

P.46 ふわふわオニギリ

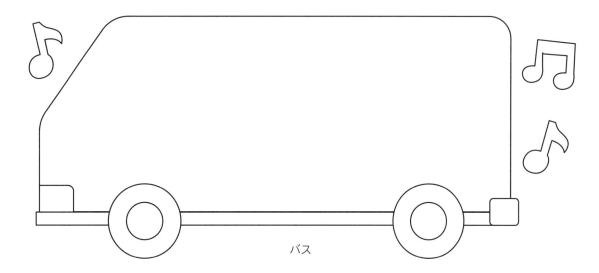

バス

P.47 スタンプ落ち葉

落ち葉

P.48 手形のクリスマスツリー

星

P.52 だるまボール

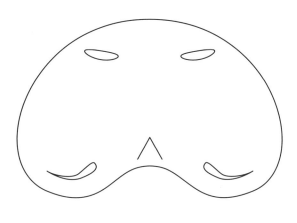

だるまの顔

P.53 節分コロコロおに

おにの顔

P.54 紙皿ひな祭りリース

おびな　　　　めびな

タケノコ

ヨーヨー　　　　　　アイスクリーム

台紙

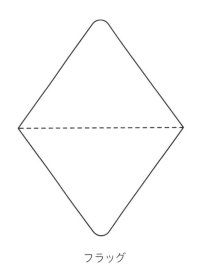

フラッグ

P.66 ハロウィンバッグ

カボチャ　　　　　キャンディー

P.67 ペタペタ紅葉狩り

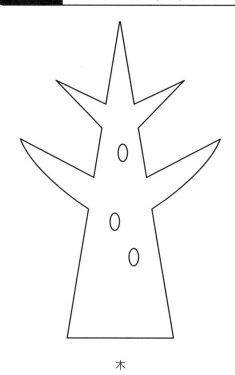

木

P.69 チョウの影あそび

チョウ

P.71 桜と花畑

木

P.74 アイスクリームづくり

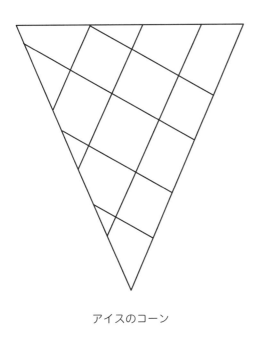

アイスのコーン

P.75 プールで魚すくい

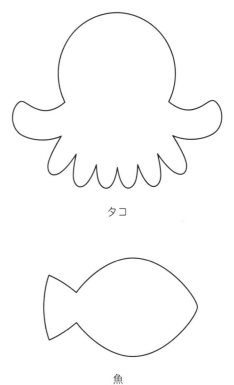

タコ

魚

P.81 毛糸まきまき

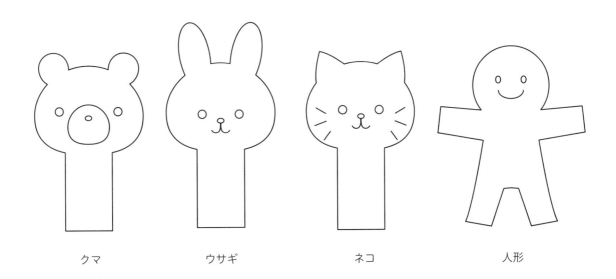

クマ　　　　ウサギ　　　　ネコ　　　　人形

P.82 お絵描きツリー

星

P.109 のびのびイモムシ

イモムシ

P.146 マットにタックル！

おに

ウサギ　　ゾウ　　ヒヨコ　　ワニ

家　　木　　草　　雲　　飛行機

P.212 迷子のおばけちゃん

おばけ　　キャンディー　　イヌ

屋台　　わたあめ　　草　　雲

249

ブタ

ウシ

ウサギ

ブタのおしり

ウシのおしり

ウサギのおしり

キリン

リス

キリンのおしり

リスのおしり

カエルかわのなか（表）　　　カエルかわのなか（裏）

カエルおもちゃのなか（表）　　カエルおもちゃのなか（裏）

カエルくるまのなか（表）　　カエルくるまのなか（裏）

カエルおふとんのなか（表）　　カエルおふとんのなか（裏）

P.218 いないいないばあ

クマ目隠し　　　　クマうれしい顔　　　　クマ悲しい顔

クマ怒った顔　　　クマ驚いた顔　　　クマ困った顔　　　クマ変な顔

P.219 いろいろだあれ？

リンゴ　　　　　　イチゴ　　　　　　トマト

P.220 おはなをさかせよう

スイカ

リンゴ

ブドウ

じょうろ

台紙（表）

花

台紙（裏）

P.222 でんしゃでしゅっぱつだ

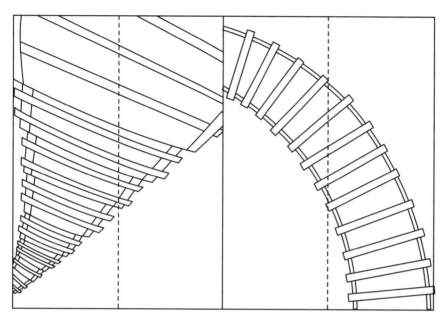

台紙（表）※開いた状態

台紙（表）※閉じた状態

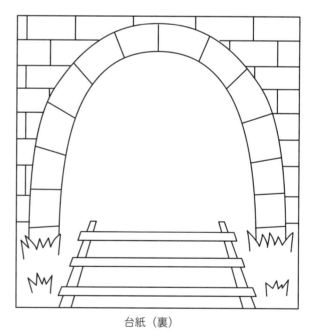

台紙（裏）

254

P.224 せんせいがへんしーん！

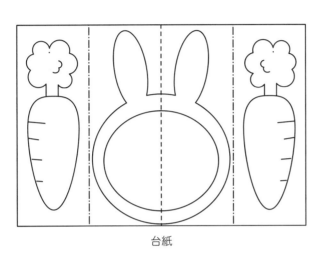

台紙

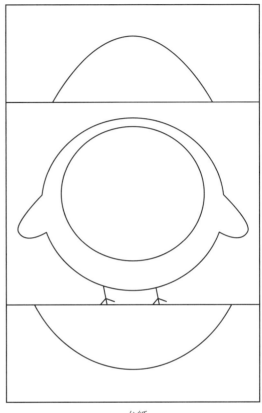

台紙

●本文デザイン・DTP
SPAIS（井上唯　宇江喜桜）

●カバーデザイン
二ノ宮匡（ニクスインク）

●装丁イラスト
三角亜紀子

●イラスト
アキタヒロミ・とみたみはる・常永美弥・中小路ムツヨ・
三角亜紀子・みやれいこ・良江ひなた

●型紙
松山絢菜

●撮影
石井万葵・碓井君枝・荒沢茅乃（KADOKAWA）

●あそび作家
アキタヒロミ・0才からの運動教室「KidsWith」秋山真也・
五十嵐絵里奈・大久保優子・MITTE KIDS主宰 倉上千恵・
佐藤ゆみこ・須貝京子・野口さとこ・萩原里実・
パネルシアター♪やっほい！・ふじこ・mocaちゃん

●楽譜浄書
長尾淳子

●校正
みね工房・文字工房燦光

●編集協力
安福容子

●編集・制作
株式会社童夢

監修
横山洋子 (よこやま　ようこ)
千葉経済大学短期大学部こども学科　教授
国立大学附属幼稚園、公立小学校勤務ののち現職。
著書に、『月齢別赤ちゃんのよろこぶあそび110』(チャイルド本社)、『0・1・2歳〜才能が大きく育つ！　こどもおうちあそび大全』(永岡書店)、『子どもの育ちをサポート！　生活とあそびから見る「10」の姿まるわかりBOOK』(ナツメ社)、『根拠がわかる！　私の保育総点検』(中央法規出版)など多数。

0・1・2歳児
保育のあそびまるごとBOOK

2022年3月16日　初版発行

監修／横山　洋子

発行者／青柳　昌行

発行／株式会社KADOKAWA
〒102-8177　東京都千代田区富士見2-13-3
電話　0570-002-301(ナビダイヤル)

印刷所／凸版印刷株式会社

●お問い合わせ
https://www.kadokawa.co.jp/ (「お問い合わせ」へお進みください)
※内容によっては、お答えできない場合があります。
※サポートは日本国内のみとさせていただきます。
※Japanese text only

定価はカバーに表示してあります。